SABINE WINKLER

So lernt mein Hund

SABINE WINKLER

So lernt mein Hund

**Der Schlüssel
für die erfolgreiche Erziehung
und Ausbildung**

KOSMOS

4

20 Farbfotos von Christof Salata/Kosmos (alle übrigen 9 Aufnahmen), Ingo Otten (1, Seite 131 ol), Klaus Peters (1, Seite 136), Christine Sander (3, Seite 64 or, 64 u, 136 or), Sabine Winkler (6, Seite 29 o, 97 o, 97 u, 98 o, 98 u, 131 or).

Umschlaggestaltung von eStudio Calamar unter Verwendung von einer Aufnahme von Christof Salata/Kosmos.

Die Deutsche Bibliothek – CIP-Einheitsaufnahme
Ein Titelsatz für diese Publikation ist bei
der Deutschen Bibliothek erhältlich

Alle Angaben in diesem Buch erfolgen nach bestem Wissen und Gewissen. Sorgfalt bei der Umsetzung ist indes dennoch geboten. Der Verlag und die Autorin übernehmen keinerlei Haftung für Personen-, Sach- oder Vermögensschäden, die aus der Anwendung der vorgestellten Materialien und Methoden entstehen könnten.

Gedruckt auf chlorfrei gebleichtem Papier

© 2001, Franckh-Kosmos Verlags-GmbH & Co., Stuttgart
Alle Rechte vorbehalten
ISBN 3-440-08519-8
Redaktion: Angela Beck
Satz, Layout und Repro: TypoDesign, Radebeul
Printed in Czech Republic / Imprimé en République Tchèque
Druck und Binden: Těšínská Tiskárna, a. s., Český Těšín

Der Kosmos Verlag ist Mitglied in der

Gesellschaft zur Förderung Kynologischer Forschung e.V.
Postfach 140353
53058 Bonn
Service-Telefon
0180/3 34 74 94

Inhalt

Warum Lernen wichtig ist

Dieses Buch handelt vom Lernverhalten des Hundes und beschreibt das ganze Spektrum der bekannten Möglichkeiten, sein Verhalten zu beeinflussen. Das Normalverhalten des Hundes und die Erfordernisse einer art- und rassegerechten Haltung sind nicht Thema des Buches und kommen daher nur am Rande vor. Auch mit einer „moralischen" Bewertung der verschiedenen Ausbildungsarten habe ich mich bewusst zurückgehalten, obwohl ich selbst aus Überzeugung beinahe ausschließlich Methoden der positiven Verstärkung anwende.

Dadurch könnte der Eindruck entstehen, Hunde wären über die richtige Lehrmethode beliebig manipulierbar und man bräuchte auf ihre Bedürfnisse keinerlei Rücksicht zu nehmen. Daher möchte ich an dieser Stelle ausdrücklich vorausschicken, dass Hunde zweifellos viel lieber über positive als über negative Verstärkung lernen und außerdem aus wesentlich mehr als aus Lernverhalten und antrainiertem Verhalten bestehen. Vieles am Hund entzieht sich sganz einfach unserer Einflussnahme. Es ist daher oft der bessere Weg, seine Bedürfnisse zu befriedigen und sich und dem Hund ggf. durch bestimmte Haltungsbedingungen (Gartenzaun u.ä.) das Leben leichter zu machen, statt ihn mit viel Mühe auf die eigenen Bedürfnisse zuschneiden zu wollen.

Sähe man im Hund keine eigenständige „Persönlichkeit", sondern nur ein Objekt, entginge einem außerdem viel von dem, was Hundehaltung so anziehend macht. Dennoch ist Lernverhalten nicht nur ein absolut faszinierendes, sondern auch äußerst wichtiges Thema für jeden Hundehalter. Und eine fachgerechte Erziehung und Ausbildung ist eines der besten Mittel das wir haben, um intensiv mit dem Hund zu kommunizieren und eine enge und beglückende Beziehung zu ihm aufzubauen.

Lernverhalten

Lernen dient der besseren Anpassung eines Individuums an seine Umwelt. Bestimmten Situationen begegnet man im Laufe des Lebens immer wieder. Es wäre von Nachteil, wenn man jedes Mal von neuem ausprobieren müsste, wie man mit der betreffenden Situation am besten umgeht. In vielen Fällen hat die Natur das Problem dadurch gelöst, dass entsprechende Verhaltensweisen sowie die Erkennung der zugehörigen Auslöser angeboren sind. Ein stark genetisch festgelegtes Programm hat jedoch seine Tücken: Verhaltensänderungen sind nur über etliche Generationen hinweg möglich. Viele Lebewesen haben daher im Laufe der Evolution die Fähigkeit zum Lernen entwickelt, um sich auch kurzfristig veränderten Gegebenheiten anpassen zu können.

Ob und was ein Tier gelernt hat, kann man erst im Nachhinein, am Ergebnis, feststellen. Dass es sein Verhalten geändert hat, heißt allerdings noch nicht unbedingt, dass es etwas gelernt hat. Wenn ein Hund mehrfach in die gleiche Situation kommt und sich dabei anders als beim ersten Mal verhält, kann das viele Gründe haben. Vielleicht ist er aufgeregter, hungriger oder müder als beim vorigen Mal, vielleicht handelt es sich auch einfach um Zufall oder ist Folge davon, dass er älter geworden ist oder eine Krankheit ihn beeinträchtigt. Ist die Änderung seines Verhaltens aber über einen längeren Zeitraum beständig und außerdem durch Erfahrung bedingt, betrachtet man sie als erlernt.

Das Ergebnis von Lernen ist also immer eine dauerhafte Verhaltensänderung. Hat der Hund sein Verhalten nicht wirklich verändert, hat er (noch?) nicht gelernt. Eigentlich ganz klar – doch wie oft bestrafen verärgerte Hundehalter ihr Tier, weil sie fest davon überzeugt sind, dass der Hund „genau weiß, was er soll", aber trotzdem absichtlich etwas anderes tut? Wir Menschen als der intelligentere Partner der Beziehung sind es unseren Hunden schuldig, ihnen weder menschliche Intelligenz noch menschliche Wertsysteme zu unterstellen, denn dies ist dem Tier Hund gegenüber höchst unfair und kann sogar leicht zu unabsichtlicher Tierquälerei führen.

Lernen lässt sich nicht abschalten. Es findet immer statt, in jedem wachen Augenblick und vielleicht sogar noch im Traum, das ganze Leben lang. D.h., dass alles, was man als Mensch in Bezug auf seinen Hund tut oder lässt, auch und vor allem Lernvorgänge auslöst – ob einem das gefällt oder nicht. Lernen folgt bestimmten Gesetzmäßigkeiten, die nicht zuletzt an Hunden eingehend erforscht worden sind. Obwohl natürlich noch viele Fragen unbeantwortet und viele Einzelheiten unverstanden sind, haben die bisher gewonnenen Erkenntnisse der Lernforschung doch erwiesenermaßen Gültigkeit. Sich ihnen zu verschließen oder zu glauben, man käme ohne sie aus, ist daher ungefähr so sinnvoll, wie „gegen" die Schwerkraft zu sein. „Ihr Hund mag Ihnen gegenüber vielleicht ungehorsam sein, aber den Gesetzmäßigkeiten des Lernens gehorcht er stets ausnahmslos und perfekt." (Jean Donaldson in ihrem Buch „Hunde sind anders".)

Hundeausbildung wird oft „aus dem Bauch heraus" betrieben, folgt Traditionen oder rein praktischen Erfahrungen, die durch Bücher oder in direktem Kontakt als mehr oder weniger genaue Anleitungen weitergegeben und oft wenig hinterfragt werden. Das geht so weit, dass viele durchaus erfolgreiche Praktiker nicht wirklich erklären können, wie und warum ihre Methode funktioniert, oder sogar völlig falsche Vorstellungen darüber haben und diese auch an ihre zweibeinigen Schüler weitergeben. Manchmal funktioniert das zwar trotzdem ganz gut, stößt jedoch spätestens dann an Grenzen, wenn die „Kochrezepte" einmal in einem bestimmten Fall versagen. Hat man dann keinen theoretischen Hintergrund, weiß man sich gar nicht mehr zu helfen. Zudem kann man sein Training – egal welche Methode man bevorzugt – umso effektiver gestalten, je besser man weiß, auf welchen Grundlagen es beruht. Mangel an Verständnis vom Verhalten und Lernvermögen des Hundes kann außerdem leicht zu unabsichtlicher Tierquälerei führen. Wer mit Hunden umgeht, muss daher auch wissen, wie sie lernen. Im Folgenden geht es um die verschiedenen Lernarten, die in der Praxis natürlich kaum je in reiner Form auftreten, sondern meist ineinander greifen oder sich vermischen.

Gewöhnung und Sensibilisierung

Gewöhnung (= Habituation) ist eine Sonderform des Lernens, weil dabei nichts Neues gelernt, sondern nur etwas verlernt wird, und zwar die Reaktion auf einen ganz bestimmten Reiz (= Sinneswahrnehmung). Wenn man z.b. vor einem Welpen plötzlich einen Schirm öffnet, wird er höchstwahrscheinlich erschreckt fliehen. Wiederholt man den Vorgang, gewöhnt er sich aber bald daran, d.h. er reagiert nicht mehr darauf. Das heißt aber nicht, dass der Welpe sich das Fliehen abgewöhnt hat, sondern es hat nur der Reiz des Schirms an Wirkung verloren: lässt man hinter dem Welpen einen Topfdeckel zu Boden fallen, löst das wieder eine starke Fluchtreaktion aus.

Eine Gewöhnung tritt naturgemäß eher gegenüber schwachen und neutralen Reizen ein als gegenüber sehr starken Reizen oder solchen, die Angst hervorrufen oder schmerzhaft sind. Diese führen eher zum Gegenteil der Gewöhnung, zur Sensibilisierung (= empfindlicher werden). Der Welpe aus unserem Beispiel könnte also auch mit jeder Wiederholung des Schirm-Aufspannens immer verstörter reagieren, statt sich an den Anblick zu gewöhnen.

Bei einer Sensibilisierung wird der Hund oft auch allgemein, gegenüber allen möglichen Reizen, empfindlicher. Ursache dafür ist die insgesamt gesteigerte Erregung des Hundes. Nachdem unser Welpe sich gerade vor dem Schirm erschreckt hat, fährt er also vielleicht auch bei einem lauten Geräusch nervös herum oder fürchtet sich vor einem flatternden Regencape, obwohl ihm dies vorher nichts ausgemacht hat. Im Unterschied dazu bezieht sich eine Gewöhnung nur auf einen bestimmten Reiz oder wird allenfalls auf sehr ähnliche Reize übertragen.

Die Gegenspieler Gewöhnung und Sensibilisierung sind praktisch immer zusätzlich zu anderen Lernarten am Werk und spielen eine wichtige, vielfach unterschätzte Rolle. Gewöhnen soll sich der Hund z.B. an Alltagsgeräusche, Halsband, Maulkorb, Autofahren, sich bürsten lassen usw. Gegenüber Tadel und Strafen oder Kommandoworten ist eine Gewöhnung (= Abstumpfung!) dagegen unerwünscht. Man sollte bei allen neuen Eindrücken, mit denen man einen Hund konfrontieren will, vorab überlegen, ob er sich daran gewöhnen soll (d.h. er reagiert später wenig oder gar nicht darauf) oder ob er ihnen gegenüber sensibler werden soll (d.h. er reagiert später sehr empfindlich darauf).

Ist eine Gewöhnung erwünscht, sollte man vorsichtshalber mit einer niedrigen Reizstärke beginnen und sie erst dann steigern, wenn sicher ist, dass der Hund keine Angst vor dem neuen Erlebnis (wie z.B. dem Autofahren) hat. Geht man mit der gebotenen Vorsicht vor, ist es sogar möglich, den Hund an Reize zu gewöhnen, die normalerweise eher zu einer Sensibilisierung führen würden, wenn er sie gleich beim ersten Mal in voller Stärke erleben würde (z.B. Schießlärm). Nur wenn es sich um schwache und nicht besonders unangenehme Reize handelt, kann man den Hund ohne besonderes Risiko auch einfach der neuen Erfahrung so lange oder häufig aussetzen, bis er sich vollständig daran gewöhnt hat (z.B. Halsband).

Motorisches Lernen

Motorisches Lernen ist das „Auswendiglernen" von bestimmten Bewegungen oder Abfolgen von Bewegungen, indem diese wieder und wieder durchgespielt und schließlich im Gedächtnis gespeichert werden. Eine solche durch vielfache Übung eingeschliffene Bewegungsfolge kann z.B. das Laufen auf vertrauten Fluchtwegen sein. Auch Fertigkeiten wie Stricken, Autofahren oder Schreiben werden zwar operant gelernt, aber durch motorisches Lernen vervollkommnet. Zuerst stellt man sich ungeschickt an, muss sich sehr konzentrieren und eine bewusste Anstrengung machen, um die benötigten Bewegungen durchzuführen. Mit genügend Übung laufen sie dann flüssig und ganz automatisch ab.

Motorisches Lernen spielt in der Hundeausbildung im Grunde eine sehr geringe Rolle, denn die meisten Bewegungen, die ein Hund in der Grundausbildung lernen soll (z.B. sich setzen oder legen), kann er schon längst. Er muss nur noch lernen, auf welches Signal hin („Sitz", „Platz") er sie zeigen soll. Nur wenige, für den Hund eher künstliche Bewegungsformen, wie z.b. das Durchlaufen des Agility-Slaloms oder Leiterklettern, erfordern auch ein gut Teil motorisches Lernen und damit viel Übung der Bewegung an sich.

Prägung

Unter „Prägung" versteht man in der Biologie Lernprozesse, bei denen die Lernfähigkeit auf eine zeitlich begrenzte „sensible Phase" beschränkt ist. In dieser Phase müssen ganz bestimmte Dinge gelernt werden, und das Lernergebnis ist besonders stabil. Verstreicht die sensible Phase ungenutzt, kann dies zu ernsten Verhaltensstörungen führen.

Bei Hunden beginnt die sensible Phase mit dem vollständigen Erwachen der Sinne mit ca. drei Wochen und endet mit ca. zwölf Wochen. Was bei ihnen abläuft, ist allerdings keine Prägung im engeren Sinne wie etwa die Nachlaufprägung von Entenküken, die ihre ganze Jugend hindurch einem bestimmten Menschen oder einem Fußball statt ihrer Entenmutter folgen, wenn sie direkt nach dem Schlüpfen darauf geprägt werden. Biologen verwenden daher bei Hunden lieber den Begriff **„Sozialisierung"**.

Vermutlich handelt es sich bei Prägung und Sozialisierung auch nicht um eine besondere Lernform, sondern Hundewelpen lernen während ihrer Sozialisierungsphase nur äußerst leicht und schnell und sind sehr neugierig. Vor allem aber sind sie noch „naiv" und gehen unbefangen und relativ angstfrei auf Neues zu. Angst und Misstrauen gegenüber dem Unbekannten entwickeln sich erst nach und nach (und beim Haustier Hund insgesamt in geringerem Maße als bei Wildtieren).

Mit etwa 12 Wochen kreuzen sich die beiden Kurven: von nun an überwiegt die Angst vor dem Fremden die Neugier. Beginnt erst jetzt die Gewöhnung des Welpen an vielfältige Umweltreize, ist diese zwar nicht völlig unmöglich, aber doch ganz erheblich erschwert – oft so sehr, dass der Hund lebenslang ängstlich und scheu bleibt, egal wie viel Mühe man sich mit ihm gibt. Diese Ängstlichkeit erschwert natürlich auch eine spätere Ausbildung. Verbringt ein Hund seine sensible Phase in einer absolut reizarmen Umgebung (z.B. Zwinger in Massenzuchtbetrieben), kann sogar seine Lernfähigkeit als solche irreparabel geschädigt sein. Aus diesem Grunde ist es wichtig, dass der Welpe schon vor der 13. Woche möglichst vieles von dem kennen lernt und am besten sogar mit positiven Erlebnissen verknüpft, was ihm in seinem späteren Leben begegnen wird: optische Eindrücke, Geräusche, Futterarten, Hindernisse und vor allem die Lebewesen, die er später als „Artgenosse" ansehen soll. Auch der erfolgreiche Umgang mit milden Stresssituationen wird nun gelernt. Zum Glück findet in gewissem Umfang eine Generalisierung statt, d.h. der Hund überträgt seine Erfahrungen auf ähnliche Reize oder Situationen, sodass man ihn nicht wirklich mit allen nur denkbaren Eindrücken konfrontieren muss. Untersuchungen haben ergeben, dass Welpen für eine ausreichende Sozialisierung ab der vierten Lebenswoche mindestens zweimal pro Woche systematisch und ausgiebig einer Reihe von neuen Eindrücken ausgesetzt werden müssen und ebenso oft engen Umgang mit wechselnden Menschen verschiedenen Alters und Geschlechts haben sollten. Hat der Welpe vor der 13. Woche engen Kontakt mit mehreren Individuen einer bestimmten „Beutetierart" (z.B. Katzen) an unterschiedlichen Orten, erstreckt sich die Sozialisierung auch auf diese Tierart, d.h. der Hund betrachtet sie später nicht als jagdbares Wild.

Nachahmung oder soziale Anregung?

Verhaltensforscher haben ganz bestimmte Kriterien für echtes Lernen durch Nachahmung aufgestellt. Demnach hat ein Tier nur dann wirklich durch Nachahmung gelernt, wenn es allein aufgrund der zuvor gemachten Beobachtung eines anderen Tieres ohne vorherige eigene Erfahrung etwas tut, das es bisher noch nicht konnte und das auch nicht angeboren ist. Es ist nicht ganz ausgeschlossen, dass diese Lernart bei Hunden vorkommt, doch konnte sie bei ihnen – anders als etwa bei Katzen – bisher noch nicht nachgewiesen werden. Beobachtungen an Hunden, die evtl. doch auf echtes Nachahmungslernen hinweisen könnten, sind sehr selten und meist nicht wiederholbar, sodass immer auch die Möglichkeit besteht, dass es sich um bloßen Zufall gehandelt hat. Typische, häufig als Gegenbeweis angeführte Beispiele erfüllen normalerweise nicht die oben genannten Kriterien.

Hunde haben jedoch als Rudeltiere einen Mechanismus, der fast ebenso leistungsfähig ist wie echte Nachahmung und dieser auf den ersten Blick sehr ähnelt – die so genannte „soziale Anregung", auch „Stimmungsübertragung" genannt. Es ist typisch für Hunde, ganz besonders für junge Hunde, dass sie sich an anderen Hunden orientieren und ihnen nachlaufen. Dadurch gerät der Hund in dieselbe Situation wie sein Artgenosse, wird denselben Reizen ausgesetzt wie dieser und reagiert dann natürlich oft, wenn auch nicht immer, ebenso wie dieser. Der junge oder unerfahrene Hund kommt so schneller als ohne „Vorbild" in Situationen, in denen er mit großer Wahrscheinlichkeit bestimmte Lernerfahrungen macht. Manchmal lernt ein Hund durch soziale Anregung auch einfach nur den Ort oder das Objekt kennen, an dem es sich lohnt, ein bestimmtes instinktiv verankertes oder bereits früher durch eigene Erfahrung erlerntes Verhalten auszuführen – z.B. wo es Wild zu hetzen oder Abfalleimer zu plündern gibt. Und natürlich helfen das Folgen und die Stimmungsübertragung einem jungen Hund auch bei der Umweltgewöhnung, da er sich in Begleitung des Althundes sicherer fühlt und sich leichter fremden und evtl. beängstigenden Situationen stellt. All dies führt dazu, dass z.B. Meute- oder Hütehunde ihre Aufgabe tatsächlich schneller lernen, wenn sie einen erfahrenen Althund als „Lehrer" haben.

Lernen aus Einsicht

Lernen aus Einsicht – also aufgrund von logischem Denken – bedarf der Fähigkeit, vor dem eigentlichen Tun in Gedanken verschiedene Handlungsmöglichkeiten durchzugehen. Um andere Lernformen zweifelsfrei ausschließen zu können, muss sicher sein, dass das Tier vorher niemals so ein Verhalten ausprobieren konnte und dass das gezeigte Verhalten nicht doch das Ergebnis eines, wenn auch noch so kurzen, Lernens durch Versuch und Irrtum (= operantes Lernen) ist. Ferner darf es sich nicht etwa um einen reinen Zufallserfolg handeln. Einsichtiges Handeln ist daher noch schwerer nachzuweisen als echte Nachahmung. Tatsächlich kommt es in größerem Umfang vermutlich nur bei Menschen und Menschenaffen vor. Und selbst wir Menschen benutzen meist eher ein Gemisch aus Einsicht und Ausprobieren. Wer von uns geht z.b. beim Programmieren eines neuen Videorekorders wirklich streng einsichtig nach Bedienungsanleitung vor? Oft drückt man doch zuerst einmal probehalber ein paar Knöpfe und liest erst in der Bedienungsanleitung, wenn das Ausprobieren nicht zum Erfolg geführt hat. Dennoch überschätzen viele Hundefreunde die geistigen Fähigkeit ihrer Tiere maßlos und behandeln ihre Hunde oft so, als wären sie zur Einsicht fähig („Er weiß ganz genau ...!"). Tatsächlich kommt einsichtiges Handeln bei Hunden höchstwahrscheinlich allenfalls bruchstückhaft oder in speziellen Fällen vor, z.B. bei Umwegversuchen, bei denen dem Hund auf der anderen Seite eines Zaunes, der ein Stück entfernt ein Tor hat, etwas Begehrenswertes gezeigt wird. Das hierbei nötige Weglaufen von einem nahen Ziel, um sich ihm auf anderem Wege zu nähern, ist für einen Hund wirklich schon eine höhere Verstandesleistung und die meisten Hunde kommen denn auch nur durch Zufall auf die richtige Lösung, nachdem sie es eine ganze Weile mit Bellen, Kratzen, Springen oder resigniertem Warten versucht haben. Ein Hund, der so ein Umwegproblem auf Anhieb löst, ohne dass er die Örtlichkeiten kennt oder schon öfter in derartigen Situationen war, kann daher mit Recht als besonders intelligent bezeichnet werden.

Klassische Konditionierung

In den Zwanzigerjahren untersuchte der Russe Iwan Pawlow (1849–1936) an Hunden Menge und Zusammensetzung des Speichels bei der Nahrungsaufnahme. Die Hunde hatten bei den Experimenten glücklicherweise keine besonders unangenehme Aufgabe: ihr Job war es, zu fressen, wobei ihr Speichel aufgefangen wurde. Eines Tages bemerkte Pawlow, dass die Hunde nicht nur speichelten, wenn sie das Futter vorgesetzt bekamen, sondern auch, wenn der Assistent, der gewöhnlich das Futter brachte, ohne Futter den Raum betrat. In gezielten Versuchsreihen ging Pawlow der Sache auf den Grund. Die Lernart, die er erforschte, bekam den Namen „klassische" oder „Pawlow'sche Konditionierung". Dabei handelt es sich um einen Lernvorgang, durch den ein neutraler Reiz eine Bedeutung bekommt, also um eine Verknüpfung oder Assoziation. Konditionierung funktioniert, weil zwei Reize (= Sinneswahrnehmungen), die wiederholt ganz kurz nacheinander wahrgenommen werden, im Gehirn automatisch miteinander in Verbindung gebracht werden. Der Hund reagiert dann auf den zuvor unbedeutenden Reiz (z.B. die Ankunft des Assistenten) ebenso wie zuvor nur auf den bereits bedeutungsvollen (z.B. das Futter). Dies ermöglicht es ihm, gewissermaßen vorbeugend zu handeln, und steigert unter normalen Bedingungen die Überlebenschancen. Eine durch klassische Konditionierung mit einem neuen Reiz verknüpfte Reaktion nennt man **„konditionierte Reaktion"** oder „konditionierter Reflex" (hier = speicheln). Der neu erlernte Reiz, der sie auslöst, heißt **„konditionierter Reiz"** oder „konditionierter Auslöser" (hier = Assistent). Das Futter wäre dann der ursprüngliche, **„unkonditionierte Reiz"**. Die Meinung darüber, was alles mit dem Begriff klassische Konditionierung erklärt werden kann, ist allerdings geteilt. Das liegt daran, dass solche Begriffe der Lernpsychologie oder Verhaltensforschung keine Naturkonstanten, sondern immer nur Definitionen sind, in die nicht nur Fakten, sondern auch persönliche Ansichten mit einfließen. Klassische Konditionierung im engeren Sinne, wie Pawlow sie erforschte, befasst sich eigentlich nur mit Lernvorgängen, bei denen eine angeborene, reflexartige, starr ablaufende Reaktion (also z.b. Speichelfluss oder Lidschlagreflex) mit einem neuen Reiz verknüpft wird.

Nach anderer Auffassung, der ich mich im Folgenden anschließen möchte, kann man mit dem gleichen Konzept aber zusätzlich auch die Verknüpfung von bestimmten Reizen mit Gefühlen und den daraus folgenden Reaktionen erklären, wie z.b. Nervosität und unwillkürliche „Fluchtimpulse" (konditionierte Reaktion), die einen beim typischen Geruch einer Zahnarztpraxis (konditionierter Reiz) überkommen. Überdies kann auch die Verknüpfung eines neuen Reizes mit einer bereits zuvor erlernten Verhaltensweise als klassische Konditionierung angesehen werden. Z.B. wenn ein Hund lernt, Kommandos zu befolgen, z.b. indem er das Wort „Platz" (konditionierter Reiz) mit der Handlung „hinlegen" (konditionierte Reaktion) verknüpft. Oder wenn ein Hund bereits beim Läuten der Türglocke (konditionierter Reiz) anfängt zu bellen (konditionierte Reaktion), weil er diese mit dem Auftauchen von Besuchern (unkonditionierter Reiz) assoziiert hat. Das Anbellen von Besuchern als solches ist dabei im Gegensatz zum Speichelfluss beim Essen, den niemand willentlich unterdrücken kann, kein angeborener Reflex, sondern ein erlerntes Verhalten: der Hund könnte durchaus auch still sein und sich setzen, wenn Besuch kommt.

Doch egal, wie weit oder eng man den Wirkungsbereich der klassischen Konditionierung definiert: durch klassische Konditionierung kann auf alle Fälle auch ein neuer Reiz mit einem bereits früher konditionierten Reiz verknüpft werden. Dadurch können ganze **Verkettungen** von Reizen entstehen. Wenn der Hund z.B. schon gelernt hat, bei einem Glockenton Futter zu erwarten, und man dann jeweils kurz vor dem Glockenton eine Lampe anschaltet, wird der Hund bald auch schon beim Aufleuchten der Lampe anfangen zu speicheln. Denn die Lampe kündigt die Glocke an, die wiederum das Futter ankündigt. Solche Verkettungen führen dazu, dass leider auch Ängste immer weiter um sich greifen: der

Hund fürchtet sich erst nur vor Autos, dann auch vor der Straße, vorm Gang durchs Treppenhaus und schließlich sogar vorm Anleinen.

Bietet man beim Konditionieren von Anfang zwei oder mehr verschiedene Reize gleichzeitig an, kann es auch zu so genannten Reizkombinationen oder zu Überschattungen der Reize kommen. Bei der **Überschattung** sucht der Hund sich sozusagen einen der Reize heraus, der für ihn offensichtlicher ist als der andere, und blendet den anderen vollkommen aus, sodass darauf keine Konditionierung erfolgt. Nach einer gewissen Anzahl von Wiederholungen würde man dann z.b. feststellen, dass der Hund zwar auf den Glockenton allein, nicht aber auf die Lampe allein mit Speicheln reagiert. Falls stattdessen eine **Reizkombination** entstanden wäre, würde der Hund weder auf Lampe noch auf Glocke allein reagieren, sondern nur, wenn beide Reize zusammen auftreten.

Klassische Konditionierung ist eine der wenigen Lernformen, die ohne Motivation auskommt, sie erfolgt unbewusst und ist willentlich nicht zu beeinflussen. Das kann man z.B. zeigen, wenn man einen Menschen darauf konditioniert, auf einen Summton (konditionierter Reiz) zu zwinkern (konditionierte Reaktion), indem jeweils nach dem Summton als ursprünglicher, unkonditionierter Reiz ein Luftstrom aufs Auge geblasen wird. Sogar wenn die Versuchsperson versucht, sich zu weigern: nach einer genügenden Anzahl an Wiederholungen der Abfolge Summton – Luftstrom zwinkert sie, wenn der Summer ertönt. Auch das Gefühl der Nervosität beim Betreten der Zahnarztpraxis überfällt einen automatisch, ob man will oder nicht. Welche Handlung jedoch daraus folgt, ist bei diesem „erweiterten" Begriff der klassischen Konditionierung nicht mehr rein automatisch, sondern unterliegt der Kontrolle durch Einsicht („Eine Behandlung ist nun mal nötig"), momentaner Gefühlslage („Heute ertrage ich das nicht!") und zuvor operant gelernten Verhaltensmustern („Wenn ich tief durchatme und mich in eine Zeitschrift vertiefe, fühle ich mich gleich besser").

Ganz entscheidend für den Erfolg einer klassischen Konditionierung ist vor allem der Zeitfaktor (**Kontiguität**). Der konditionierte Reiz muss vor dem unkonditionierten kommen. Umgekehrt geht es nicht: wenn der zu konditionierende Reiz gleichzeitig mit dem ursprünglichen Reiz oder erst nach diesem wahrgenommen wird, kommt normalerweise keine Assoziation zustande. Der zu konditionierende Reiz hat dann keinen vorhersagenden Charakter mehr und wird als bedeutungslos eingestuft. Das beste Ergebnis erzielt man, wenn der neu zu erlernende (konditionierte) Reiz 0,5 Sekunden vor dem ursprünglichen Reiz gegeben wird. Bei mehr als 2 Sekunden Abstand kann eine Verknüpfung nur noch unter sehr günstigen Bedingungen erfolgen (z.b. Laborsituation ohne Ablenkung).

Wichtig für das Gelingen und vor allem für die Zuverlässigkeit der konditionierten Reaktion ist auch die möglichst konsequente Verknüpfung der Reize. Damit der zu konditionierende Reiz überhaupt eine Bedeutung bekommen kann, muss er stets mit dem unkonditionierten Reiz zusammen auftreten. D.h., dass z.b. eine Glocke nur dann ertönt, wenn der Hund tatsächlich Futter bekommt, und er idealerweise überdies auch nur dann Futter bekommt, wenn vorher die Glocke zu hören war. Hört der Hund das Glockensignal öfters, auch ohne dass er Futter bekommt, ist die Verknüpfung und damit die Stärke und Zuverlässigkeit der Reaktion entsprechend schwächer. Je enger der Zusammenhang zwischen dem neuen und dem alten Reiz (**Kontingenz**) während des Lernvorgangs, desto stärker die Assoziation. Bei ungenügender Kontingenz während der Lernphase kann keine Konditionierung erfolgen.

Normalerweise sind für eine klassische Konditionierung etliche Wiederholungen nötig. Wie oft der Ablauf konditionierter Reiz – unkonditionierter, ursprünglicher Reiz – Reaktion wiederholt werden muss, bis eine Verknüpfung entstanden ist, hängt neben Kontingenz, Kontiguität und anderen Faktoren auch davon ab, welcher Reiz mit welcher Reaktion verknüpft werden soll. Bei den ursprünglichen Pawlow'schen Versuchen reichten ca. 20 bis 30 Verpaarungen von Glockenton mit Futter, bis der Hund auf die Glocke allein ebenso stark speichelte wie zuvor beim Anblick und Geruch des Futters. Für eine Konditionierung von Lidschlagreflex mit Summer benötigt man dagegen mindestens 80 bis 100 Wiederholungen.

Die Wahrscheinlichkeit, dass der Hund auf den konditionierten Reiz reagiert, steigt im Laufe der Konditionierung allmählich an, ohne dass es einen bestimmten Zeitpunkt gibt, ab dem man sagen könnte, dass der Hund die Verknüpfung nun gelernt hat und von da an immer richtig reagieren wird. Bildlich ausgedrückt handelt es sich eher um einen Pfad, der zwar umso breiter wird, je öfter man ihn geht, aber durchaus auch einmal verlassen werden kann. Im Einzelfall kann eine Assoziation allerdings auch sehr schnell entstehen, und zwar immer dann, wenn besonders starke Emotionen positiver oder negativer Art im Spiel sind. Im Großen und Ganzen rufen stärkere Reize eine stärkere Reaktion und damit einen schnelleren Lernprozess hervor als schwache. Im Extremfall kann so aufgrund eines einzigen Angst- oder Schmerzerlebnisses eine dauerhafte Phobie entstehen.

Der Lernprozess wird außerdem zu einem gewissen Grad von den Eigenschaften des zu konditionierenden Reizes beeinflusst. Je eindeutiger und unverwechselbarer er ist, desto besser. Wenn das Tier an einen Reiz bereits gewöhnt ist (diesen also als bedeutungslos kennen gelernt hat), dauert es deutlich länger, diesen Reiz als konditionierten Reiz zu etablieren. Ein solcher bereits „abgenutzter" Reiz ist z.b. bedauerlicherweise manchmal der Rufname des Hundes, falls der Name immer wieder gerufen wurde, ohne dass ein Zusammenhang zu für den Hund bedeutsamen anderen Reizen gegeben war. Viele Hunde kommen weitaus besser auf den Ruf „Leckerchen!" als auf ihren Namen, da zwischen „Leckerchen" und einer Futtergabe eine starke Kontingenz bestand, als zwischen ihrem Namen und Futter.

Auch die Biologie des zu trainierenden Lebewesens entscheidet mit darüber, welche Reize leichter und welche schwerer verknüpft werden. Es bestehen offenbar angeborene „Erwartungen" des Tieres, wie seine natürliche Umwelt beschaffen ist. Manche Reize sind

daher für eine bestimmte Reaktion von Natur aus „logischer" als
andere. Ratten können z.B. einen bestimmten Geschmack sehr
schnell mit anschließender Übelkeit verbinden und meiden danach
Wasser mit diesem Geschmack. Sie sind aber nicht in der Lage, eine
entsprechende Verknüpfung zwischen einem Glockenton beim
Wassertrinken und darauf folgendem Unwohlsein zu machen, da
so eine Verbindung in der Natur nicht vorkommt. Die Biologie der
Lebewesen entscheidet außerdem darüber, auf welche Reize sie
besonders achten. Menschen können z.b. besser auf optische Reize
(z.b. Lichtsignale) konditioniert werden als auf akustische, bei Ratten ist es dagegen umgekehrt.

Operante Konditionierung

„Operante Konditionierung" ist eigentlich nur der wissenschaftliche Ausdruck für Lernen durch Versuch und Irrtum – oder treffen-
der ausgedrückt: durch Versuch und Erfolg. Dieses Lernen durch
Ausprobieren ist die wohl wichtigste Lernart aller höheren Tiere
und erklärt z.b., wie ein Hund lernt, eine Tür aufzumachen, bei
Tisch zu betteln oder bei Fuß zu gehen. Menschen lernen durch
operante Konditionierung (außerdem aber natürlich gleichzeitig
durch Einsicht und/oder Nachahmung) einen Lift per Knopfdruck
ins Erdgeschoss zu holen, ein Spiegelei zuzubereiten, eine Fremdsprache zu sprechen, Tennis zu spielen usw.
Die operante Konditionierung ist schon vor Jahrzehnten wissen-
schaftlich erforscht worden. Der Amerikaner **E.L. Thorndike**
(1874–1949) steckte zu diesem Zweck hungrige Katzen in eine Box
mit einem relativ komplizierten Verschluss, den die Katzen aber
mit den Pfoten aufmachen konnten. Vor die Box stellte er eine
Schüssel Futter, damit die Katze motiviert war, einen Ausweg aus
der Box zu suchen. Thorndike stellte fest, dass die Katzen anfangs
nur in der Box umherliefen und alles untersuchten. Irgendwann
betätigten sie dabei ganz zufällig und offenbar unbewusst den
Verschluss und entkamen aus der Box. Bei Wiederholungen des
Versuchs fanden die Katzen dann immer schneller die richtige

Lösung, bis sie sich schließlich regelmäßig mit wenigen gezielten „Handgriffen" befreien konnten. Sie hatten durch Ausprobieren gelernt.

B. F. Skinner (1904–1990), ebenfalls Amerikaner, baute die Versuche aus und gewann viele detaillierte Erkenntnisse über die operante Konditionierung. Skinner sprach den Tieren zwar nicht ab, Gefühle zu haben, interessierte sich aber nicht für das, was beim Lernen im Tier vorging, sondern nur für die Gesetzmäßigkeiten der Konditionierung. Das hat der von ihm maßgeblich beeinflussten Forschungsdisziplin, dem Behaviourismus, teilweise den Ruf eingebracht, eine „kalte", ja sogar skrupellose Wissenschaft zu sein. Vielleicht trug dazu auch die Versuchsanordnung bei, die Skinner häufig benutzte. Um in kurzer Zeit viele Experimente durchführen zu können, arbeitete er mit Laborratten und Tauben, von denen man problemlos eine größere Anzahl halten konnte. In der so genannten „**Skinnerbox**" lernten die Tiere ohne Beisein eines Menschen auf eher mechanische Art, z.b. auf einen Schalter zu drücken oder zu picken, um Futter zu bekommen. Durch Anwendung der bei solchen Experimenten entdeckten Zusammenhänge gelangen Skinner aber auch sehr komplexe Dressuren in direktem Kontakt zum Tier. Z.B. trainierte er zwei Tauben darauf, miteinander Ping-Pong zu spielen.

Das Prinzip der operanten Konditionierung

Das Grundprinzip der operanten Konditionierung lautet: „Die Konsequenzen, die ein Verhalten hat, beeinflussen sein Auftauchen in der Zukunft" („**Thorndike's Law of Effect**"). Tiere (und Menschen) führen nach dieser Theorie sozusagen dauernd Versuchsreihen mit ihrem Verhalten durch und ziehen aus dem Ergebnis ihre Schlüsse. „Funktioniert" ein Verhalten, bringt es also direkt Erfolg oder andere Annehmlichkeiten, steigt die Wahrscheinlichkeit, dass es in entsprechenden Situationen auch in Zukunft gezeigt wird. Unmittelbare Misserfolge oder andere Unannehmlichkeiten führen dagegen dazu, dass das Verhalten in der betreffenden Situation zukünftig seltener oder gar nicht mehr ausgeführt wird. Das alles kann –

auch bei Menschen – durchaus ganz unbewusst ablaufen, funktioniert aber trotzdem unfehlbar. Komplexe oder lang andauernde Verhaltensweisen, wie z.b. dass der Hund mehrere Minuten lang bei Fuß geht oder den Kühlschrank öffnet, eine Bierdose herausholt und den Kühlschrank wieder zumacht, erzielt man durch den Kunstgriff des „Formens" von Verhalten. Dabei teilt man das zu lernende Verhalten in viele kleine Schritte auf, wobei die Anforderungen allmählich gesteigert werden, bis das Zielverhalten erreicht ist (Näheres siehe im Kapitel „Know-how für das Training", Seite 123).

Die Konsequenzen eines Verhaltens, die nach den Regeln der operanten Konditionierung sein Auftauchen in der Zukunft bestimmen, vor allem aber die durch diese Konsequenzen ausgelösten Gefühle, sind der Motor der operanten Konditionierung. Mit gewissen Einschränkungen kann man sagen, dass umso schneller gelernt wird, je stärker die Konsequenzen sind. Fällt einem Hund beim Kuchenklauen das Backblech auf den Kopf (starke Konsequenz), ist die Wahrscheinlichkeit, dass er es künftig nicht mehr versucht, größer, als wenn er nur mild getadelt wird (schwache Konsequenz). Bekommt der bettelnde Hund etwas ganz besonders Schmackhaftes (starke Konsequenz), wird dies die Häufigkeit und Intensität des Bettelverhaltens weitaus mehr steigern, als wenn er etwas bekommt, das er nicht so besonders mag (schwache Konsequenz). Wie die Beispiele zeigen, können sowohl angenehme als auch unangenehme Konsequenzen die Motivation beeinflussen. Eine angenehme Konsequenz nennt man „Belohnung" oder „Verstärker". Eine unangenehme Folge eines Verhaltens wird als „Strafe" bezeichnet.

„Zuckerbrot und Peitsche"

Die Begriffe „Belohnung" und „Strafe" werden in der Lernpsychologie folgendermaßen definiert:

▶ Eine **Belohnung (Verstärker)** ist etwas, das bewirkt, dass das verstärkte Verhalten in Zukunft öfter oder intensiver auftritt als bisher.

▶ Eine **Strafe** ist etwas, das die Ausführung des Verhaltens, auf das sie unmittelbar folgt, hemmt, d.h. es tritt in Zukunft seltener oder abgeschwächt auf.

Was der Hund als Belohnung oder als Strafe empfindet, ist individuell durchaus verschieden. So kann es z.b. vorkommen, dass der Hundehalter versucht, seinen Hund fürs Kommen auf Ruf zu belohnen, indem er ihn streichelt und freundlich zu ihm spricht. Nach einiger Zeit bemerkt er dann vielleicht, dass der Hund nicht mehr so zuverlässig kommt wie bisher. Der Mensch glaubt nun, sein Hund sei absichtlich ungehorsam. Schließlich ist er doch bis vor kurzem noch gut auf Ruf gekommen, er kennt also den Befehl „Hier!". Oder? Mag sein, dass der Hund das Wort kennt, aber er verbindet damit etwas anderes, als sein Mensch glaubt. Das Streicheln wurde vom Hund gar nicht als Belohnung empfunden und hatte daher keinen Effekt auf sein Verhalten. Der Halter hat seinen Hund wochenlang nicht belohnt, sondern das Kommen auf Ruf stattdessen durch Nicht-Belohnen systematisch gelöscht (siehe Abschnitt „Extinktion", Seite 36). Ja, womöglich ist dem Hund in dieser Situation Körperkontakt sogar lästig. Dann war das Streicheln für ihn sogar eine milde Strafe, also etwas, das das Kommen auf Ruf gehemmt hat.

Dasselbe kann daher natürlich auch mit einer Maßnahme passieren, die vom Besitzer als Strafe gemeint war, jedoch vom Hund entweder als neutral oder womöglich sogar als Verstärker empfunden wird. Ein Beispiel ist das Wegschubsen des bei der Begrüßung anspringenden Hundes. Es gibt durchaus eine Reihe von Hunden, die sich dadurch nicht etwa gehemmt fühlen, sondern das Ganze als raues Spiel auffassen: eine Belohnung, die das Anspringen eher verstärkt. Wie wir im Kapitel „Bestrafung und negative Verstärkung" (Seite 69) noch sehen werden, verhält es sich mit Bestrafung allerdings nicht immer so einfach, denn bei der Anwendung von Strafe drohen eine Reihe von Nebenwirkungen und Komplikationen, die ihren Effekt zunichte machen können, selbst wenn sie vom Hund wirklich als unangenehm (hemmend) empfunden wird.

Verschiedene Arten der Belohnung oder Strafe

Sowohl Strafe als auch Belohnung kann man nochmals unterscheiden in „positiv" und „negativ". Positive Strafe? Negativer Verstärker? Das klingt auf den ersten Blick paradox, ist aber doch ganz logisch. Man muss sich nur davon lösen, die Bezeichnungen „positiv" und „negativ" rein gefühlsmäßig mit „angenehm" und „unangenehm" zu übersetzen. In der Lernpsychologie werden sie stattdessen wie mathematische Begriffe benutzt. „Positiv" bedeutet: etwas kommt dazu oder fängt an; „negativ" bedeutet: etwas wird weggenommen oder hört auf.

Verstärkung des Verhaltens kann man demnach auf zweierlei Weise erreichen: ein bestimmtes Verhalten kann verstärkt werden, indem entweder als Folge des Verhaltens etwas Angenehmes beginnt bzw. dazukommt (= positive Verstärkung) oder indem als Folge des Verhaltens etwas Unangenehmes beendet bzw. entfernt wird (= negative Verstärkung). Negative Verstärkung funktioniert nach dem Motto: „Es ist so schön, wenn der Schmerz nachlässt." Auch dies ist ja eine Art der „Belohnung". Ebenso kann ein bestimmtes Verhalten auf zweierlei Weise gehemmt werden. Nämlich entweder indem als Folge des Verhaltens etwas Unangenehmes zugefügt wird bzw. beginnt (= positive Bestrafung) oder indem als Folge des Verhaltens etwas Angenehmes aufhört bzw. entzogen wird (= negative Bestrafung).

An einem Beispiel aus der Hundeausbildung: Wenn man einem Hund „Sitz" beibringt, kann man ihn auf vier verschiedene Arten dazu bringen, das Sitzen auf Kommando in Zukunft zuverlässiger und zügiger auszuführen:

Durch **positive Verstärkung**: man sagt „Sitz", der Hund setzt sich, er bekommt ein Leckerchen. D.h., etwas dem Hund Angenehmes – das Leckerchen – wird der Situation hinzugefügt. Dadurch wird das Hinsetzen auf Kommando verstärkt.

Durch **negative Verstärkung**: man zieht die Leine straff nach oben und sagt „Sitz". Sobald der Hund sitzt, lässt man die Leine locker. D.h., etwas dem Hund Unangenehmes – der Leinenzug – wird aus der Situation entfernt. Dadurch wird das Hinsetzen auf Kommando verstärkt.

Durch **positive Bestrafung**: man sagt „Sitz" und bestraft danach alles, was nicht Sitzen ist. Bleibt der Hund stehen, bekommt er einen Klaps aufs Hinterteil, legt er sich, ruckt man ihn an der Leine hoch. D.h., etwas dem Hund Unangenehmes – der Klaps bzw. Leinenruck – wird der Situation hinzugefügt. Dadurch soll Hinlegen bzw. Stehenbleiben gehemmt werden, wodurch die Wahrscheinlichkeit steigt, dass der Hund sich setzt, weil alles andere unangenehm ist.

Durch **negative Bestrafung**: man sagt „Sitz", und wenn der Hund stehen bleibt oder sich legt, isst man das Leckerchen selber. D.h., etwas dem Hund Angenehmes – das Leckerchen – wird aus der Situation entfernt. Dadurch soll das Stehenbleiben oder Hinlegen gehemmt werden, wodurch die Wahrscheinlichkeit steigt, dass der Hund sich setzt. Dies funktioniert natürlich nur, wenn der Hund erwartet hat, mit dem Leckerchen belohnt zu werden. Kennt er keine Futterbelohnung, ist es ihm herzlich egal, ob man ihm ein Leckerchen vorisst oder nicht. Zumindest kann er keinen Zusammenhang mit seinem eigenen Verhalten herstellen.

Alle diese Begriffe und ihre Abgrenzungen gegeneinander sind natürlich sehr subjektiv, vor allem die Zusätze „positiv" und „negativ". Letztlich werden wir nie genau wissen, was wirklich im Hund vorgeht. Empfindet er z.B. negative Verstärkung wirklich als „Verlust" von etwas Unangenehmem, wie es das Erklärungsmodell behauptet – oder nicht doch als „Zugewinn" an Sicherheitsgefühl, was dann streng genommen als positive Verstärkung zu bezeichnen wäre? Trotz dieser kleinen theoretischen Schwächen, die von der Unschärfe der Begriffe herrühren, ist das Denkmodell der vier Möglichkeiten der Konsequenzen, die ein Verhalten beeinflussen können, insgesamt sehr nützlich. Es hat sich vielfach bewährt, vor allem weil sich daraus auf der praktischen Ebene sinnvolle Trainingsmaßnahmen ableiten lassen.

Stress durch Angst vor einem Heißluftballon: Hecheln, angespannter Ausdruck, halb zurückgelegte Ohren, zusammengeschobener Körper, „Lämmerschwanz".

Starker Stress in sozialer Begegnung: angespannter Ausdruck, erstarrt, Buckel, Bürste über den ganzen Rücken, Rute eingeklemmt, züngeln.

Solche Vorhaltungen versteht ein Hund nicht. Er reagiert nur auf die bedrohliche Stimme und Körpersprache (drüber beugen und anstarren).

Das Streicheln ist zwar nett gemeint, doch der Hund empfindet die Körpersprache als bedrohlich und fühlt sich offensichtlich unbehaglich.

Auch solche engen Umarmungen empfinden Hunde leicht einmal als zu aufdringlich oder gar bedrohlich.

Die vier Arten der Konsequenzen

	kommt hinzu	wird entfernt
Etwas Angenehmes	= positive Verstärkung: das Verhalten wird häufiger oder intensiver (verstärkt)	= negative Bestrafung: das Verhalten wird seltener oder schwächer (gehemmt)
Etwas Unangenehmes	= positive Bestrafung: das Verhalten wird seltener oder schwächer (gehemmt)	= negative Verstärkung: das Verhalten wird häufiger oder intensiver (verstärkt)

Positive Strafe oder negative Verstärkung?

Der Unterschied zwischen positiver Bestrafung und negativer Verstärkung liegt darin, dass bei der negativen Verstärkung die unangenehme Einwirkung dazu dient, den Hund zu einem bestimmten Verhalten überhaupt erst zu veranlassen. Sie setzt vor dem Verhalten ein, das negativ verstärkt werden soll. Zeigt der Hund das erwünschte Verhalten, hört die unangenehme Einwirkung sofort auf. Der Hund kann also durch eine Verhaltensänderung die Unannehmlichkeiten wieder „abstellen" und bekommt dadurch eine unmittelbare Rückmeldung über den Erfolg seines Handelns.

Bei der positiven Bestrafung kommt die unangenehme Einwirkung dagegen erst, nachdem der Hund ein bestimmtes Verhalten gezeigt hat. Sie soll dazu führen, dass der Hund sich in Zukunft wegen der unangenehmen Konsequenzen, die sein Verhalten gehabt hat, nicht mehr traut, es zu wiederholen. In der aktuellen Situation kann er aber nichts mehr tun, um die Strafe abzuwenden, da sie seinem Verhalten unweigerlich folgt. Um daraus etwas zu lernen, muss er sich in Zukunft in einer ähnlichen Situation die Strafe wieder ins Gedächtnis rufen und vorbeugend so handeln, dass er ihr entgeht.

Konditionierte Verstärker oder Strafen

Die Konsequenzen Belohnung oder Strafe müssen dem Verhalten ganz unmittelbar folgen, idealerweise innerhalb der auch bei der klassischen Konditionierung optimalen 0,5 Sekunden. Sonst können sie vom Hund nicht als Folge des eigenen Handelns wahrgenommen werden. Dies in der Praxis hinzubekommen ist schwierig und manchmal sogar unmöglich, etwa wenn der Hund in einer gewissen Entfernung zum Trainer ist. Auch z.b. beim Apportieren kann man dem Hund eine Belohnung in Form von Futter oder Spielzeug nie genau dann geben, wenn es nötig wäre, sondern immer erst zu spät: das Leckerchen, das er erst fressen kann, nachdem er die Apportierhantel abgegeben hat, verstärkt de facto das Ausgeben, nicht aber das Halten, Tragen oder gar Aufnehmen des Gegenstandes. Zum Glück gibt es einen Kunstgriff, mit dem man dieses Problem umgehen kann, nämlich die Verwendung eines konditionierten Verstärkers (bzw. einer konditionierten Strafe). Dies ist ein Reiz, den der Hund vorab durch klassische Konditionierung mit einem tatsächlichen Verstärker (bzw. einer Strafe) verknüpft hat. Aufgrund der so entstandenen Assoziation löst der Reiz dieselben Gefühle im Hund aus und hat praktisch denselben Effekt wie die eigentliche Belohnung (bzw. Strafe). Der konditionierte Reiz hat ankündigenden Charakter und wird auch „Brückensignal" genannt, weil er die Zeit zwischen dem zu belohnenden (bzw. zu bestrafenden) Moment und der tatsächlichen Belohnung (bzw. Strafe) überbrückt. In der Regel werden als konditionierte Reize Worte, also Lob oder Tadel, benutzt. Details zur praktischen Anwendung finden sich in den Kapiteln „Bestrafung und negative Verstärkung" (Seite 75) und „Know-how für das Training" (Seite 117).

Unterschiede zur klassischen Konditionierung

Im Unterschied zur klassischen Konditionierung, bei der nur ein neuer Auslöser für ein bereits gekonntes (angeborenes oder auch erlerntes) Verhalten oder für ein Gefühl gelernt wird, geht es bei der operanten Konditionierung darum, eine neue Verhaltensweise oder eine neue Anwendungsmöglichkeit für eine bereits gekonnte Verhaltensweise zu lernen.

Operante Konditionierung ist außerdem im Gegensatz zur klassischen ein freiwilliger und zielorientierter Prozess, der der willentlichen Kontrolle unterliegt. Bei der operanten Konditionierung will man etwas erreichen, während klassische einem einfach „passiert". Das liegt daran, dass operante Konditionierung nur mit Motivation funktionieren kann. Der Trainer muss also Kontrolle über die unmittelbaren Folgen ausüben können, die das Verhalten seines „Schülers" für diesen hat. Außerdem muss er über Mittel der Belohnung oder Strafe verfügen, die der „Schüler" in dem Moment auch wirklich als solche empfindet. Damit eine klassische Konditionierung abläuft, braucht es dagegen keine Motivation. Es reicht, dass der konditionierte Reiz oft genug und mit ausreichender Kontingenz (Konsequenz) und dem richtigen Timing (Kontiguität) dem unkonditionierten Reiz vorausgeht.

Unterschiede zwischen klassischer und operanter Konditionierung

Klassische Konditionierung	Operante Konditionierung
= Verknüpfung/Assoziation	= Lernen durch Ausprobieren
(zuvor neutraler) Reiz be kommt eine (neue) Bedeutung	neue Verhaltensweise oder neue Anwendung einer Verhaltensweise wird gelernt
automatisch und unbewusst	freiwillig und zielorientiert (motivationsabhängig)
Timing: zu konditionierender Reiz kurz vor dem ursprünglichen Reiz	Timing: Konsequenz (Belohnung oder Strafe) kurz nach dem Verhalten

Gemeinsamkeiten mit der klassischen Konditionierung

Ansonsten gelten bei der operanten Konditionierung im Prinzip dieselben Gesetzmäßigkeiten wie bei der klassischen. Operante Konditionierung ist, ebenso wie klassische, nur selten ein abruptes Ereignis, sondern meist eine Frage steigender oder sinkender Wahrscheinlichkeiten. Die nötige Anzahl an Wiederholungen wird von verschiedenen Umständen bestimmt: von der Biologie des Tieres, davon, welches Verhalten konditioniert werden soll, und von der Motivation. Im Abschnitt „Konditionierte Verstärker oder Strafen" (Seite 32) wurde schon gesagt, dass auch bei der operanten Konditionierung das Timing (Kontiguität) ganz entscheidend ist. Während bei der klassischen Konditionierung der neu zu erlernende (konditionierte) Reiz vor dem unkonditionierten Reiz bzw. der konditionierten Reaktion kommen muss, ist es bei der operanten Konditionierung unabdingbar, dass die Konsequenz einem Verhalten unmittelbar folgt. Optimal ist dabei wieder der Abstand von 0,5 Sekunden, was vom Hundehalter eine wirklich schnelle Reaktion (oder die Verwendung von konditionierten Verstärkern oder Strafen) erfordert. Nur unter sehr günstigen Bedingungen – also wenn keine Ablenkung vorhanden ist und der Hund inzwischen keine neue Verhaltensweise begonnen hat – können auch noch Konsequenzen, die 2 oder mehr Sekunden nach einem Verhalten auftreten, mit diesem verknüpft werden.

Neben der zeitlichen Beziehung zwischen dem Verhalten und seiner Folge ist auch wieder die Kontingenz gefragt: das Lernen verläuft umso besser und schneller und das Ergebnis ist umso zuverlässiger, je enger während des Lernprozesses der Zusammenhang zwischen dem Verhalten und seiner Konsequenz ist: Belohnung oder Strafe sollten dem Verhalten am besten ausnahmslos jedes Mal folgen.

Wie bei der klassischen Konditionierung kann es bei der operanten zu Überschattungen oder Kombinationen von Verhaltensweisen kommen, falls zwei Verhaltensweisen gleichzeitig vom Hund gezeigt und belohnt oder bestraft werden. Gesetzt den Fall, jemand übt mit seinem Hund „Sitz" und gibt ihm jedes Mal ein Leckerchen, sobald er sich gesetzt hat. Dies sollte die Häufigkeit des Hin-

setzens in der betreffenden Situation steigern. Falls der Hund
während der Übungsstunde aber zufällig beim Hinsetzen zusätzlich die Pfote hebt, könnte er „glauben", dass es nur auf das Pfoteheben ankam (Überschattung). Oder er könnte zu dem Schluss
kommen, dass Sitzen und Pfoteheben untrennbar zusammen-
gehören (Kombination). Solche Fehlverknüpfungen nennt man
manchmal „Aberglauben" – das Tier betrachtet irrtümlich etwas als
Folge seines Verhaltens, das eigentlich gar nichts damit zu tun hat.
Skinner erzeugte z.b. experimentell solche Fehlverknüpfungen bei
Tauben, indem er sie in einer Skinnerbox willkürlich und ohne
jeden Zusammenhang mit ihrem Verhalten nach dem Zufallsprinzip belohnte. Die Tauben versuchten in dieser künstlichen Versuchsanordnung offenbar „zwanghaft", einen Zusammenhang
zwischen den Belohnungen und ihrem Verhalten herzustellen und
entwickelten zum Teil bizarre Verhaltensmuster.

Gemeinsamkeiten von klassischer und operanter Konditionierung

▸ Kontiguität (zeitlicher Zusammenhang) nötig (0,5 bis maximal
2 Sekunden)
▸ Kontingenz (konsequente Paarung von Reiz–Reiz bzw. Verhalten–Konsequenz) nötig
▸ meist viele Wiederholungen nötig (statistischer Prozess), Aus-
nahmen möglich
▸ Überschattungen (von Reizen bzw. Verhaltensweisen) möglich
▸ Kombinationen (von Reizen bzw. Verhaltensweisen) möglich
▸ Verkettungen (von Reizen bzw. Verhaltensweisen) möglich
▸ Extinktion (Löschung) findet statt
▸ Umlernen (Gegenkonditionierung) möglich
▸ aufgrund der Biologie des Tieres sind manche Reize (bzw. Verhaltensweisen) nur schwer bis gar nicht zu konditionieren

Grenzen der operanten Konditionierung
Theoretisch kann ein Lebewesen durch operante Konditionierung
alles lernen, das zu tun es körperlich und mental überhaupt in der
Lage ist. In der Praxis ist jedoch nicht alles möglich. Unterwürfiges

Verhalten kann man z.B. nicht durch Strafe hemmen, da Strafe zu noch mehr Unterwürfigkeitsgesten führt. Bestimmte, sehr stark instinktiv verankerte Verhaltensweisen z.b. der Körperpflege oder Fortpflanzung lassen sich ebenfalls nicht durch Belohnung oder Strafe verändern oder hervorrufen. Ausdrucksverhalten (z.b. Knurren oder Stressgesicht) wird in der künstlichen Trainingssituation oft nicht in der ursprünglichen Form, sondern nur gewissermaßen als „Theateraufführung" gezeigt. Ein für eine Futterbelohnung andressiertes Knurren auf „Kommando" sieht z.b. nie ganz echt aus und ist in diesem Zusammenhang dann auch nicht mehr aggressiv motiviert. Trotz dieser Einschränkungen ist die operante Konditionierung der Königsweg, über den wir Menschen am besten mit unseren Hunden kommunizieren und Einfluss auf sie nehmen können.

Extinktion (Löschen)

Was passiert, wenn nach einer oft wiederholten klassischen Konditionierung dem konditionierten Reiz plötzlich kein ursprünglicher Reiz mehr folgt? Antwort: die Reaktion wird immer schwächer, bis sie schließlich „ausgestorben" ist. Wenn die Glocke 20-mal hintereinander ertönt, ohne dass der Hund ein einziges Mal Futter vorgesetzt bekommt, hört er nach und nach auf, beim Glockenton erwartungsvoll zu speicheln. Diesen Vorgang der „Auslöschung" nennt man Extinktion. Im Grunde genommen handelt es sich dabei nicht um ein Rückgängigmachen des zuvor Erlernten, sondern um einen neuen Lernvorgang, bei dem der Hund lernt, dass die Glocke „kein Futter" bedeutet.

Auf den ersten Blick wirkt das wie Haarspalterei, aber wenn man einem Hund, dessen Reaktion auf den Glockenton gelöscht worden ist, auch nur ein- oder zweimal nach Ertönen der Glocke wieder Futter gibt, „erinnert" er sich sofort wieder an die gelernte Konditionierung und reagiert wieder auf die Glocke allein mit starkem Speicheln.

Sogar das einfache Verstreichen der Zeit kann ggf. dazu führen, dass die Reaktion sich wieder erholt. Gönnt man dem Hund nach der Extinktion einige Wochen Ferien von jeglichen Glockenexperimenten, kann es sein, dass er danach beim erneuten Hören des Glockentons doch wieder speichelt. Er hat sozusagen vergessen, dass die Sache mit der Glocke und dem Futter nicht mehr „funktionierte".

Darum kann es auch so schwer sein, einem Hund eine einmal erworbene Phobie oder sonstige Fehlverknüpfung wieder abzugewöhnen. Vernachlässigt man das Training eine Zeit lang oder kommt es zu einer unbeabsichtigten Auffrischung der Verknüpfung (der Hund erschrickt z.b. im Falle einer Phobie wieder sehr heftig), muss man mit großen Rückschlägen rechnen.

Bei der operanten Konditionierung ist es ähnlich: lässt man die Folgen des Verhaltens (Strafe oder Belohnung) einfach weg, verliert sich das gelernte Verhalten wieder. Es ist also ganz normal und keineswegs ein Zeichen für besondere Widersetzlichkeit des Hundes oder misslungenes Training, wenn bereits Gelerntes immer wieder mal „nachmotiviert" werden muss. In dem Sinne endet das Training nie. Allerdings hängt die Geschwindigkeit, mit der ein über positive Verstärkung operant gelerntes Verhalten gelöscht wird, wenn man die positive Verstärkung radikal weglässt, davon ab, mit welcher Rate es zuvor belohnt wurde. Hat der Hund vor Beginn der Extinktion noch jedes Mal eine Belohnung bekommen, „stirbt" das Verhalten viel schneller „aus", als wenn er schon auf Belohnung nach dem Zufallsprinzip gesetzt war (siehe im Kapitel „Motivation und positive Verstärkung", Seite 54). Bei über Belohnung gelernten Verhaltensweisen ist es außerdem typisch für den Beginn der Extinktion, dass der Hund sein Verhalten zunächst noch einmal heftig steigert, ehe er endgültig „aufgibt". Im Deutschen hat sich für dieses Phänomen der Ausdruck **„Löschungstrotz"** (engl. **„extinction burst"**) eingebürgert.

Ein schönes Beispiel für diese Zusammenhänge ist das Betteln bei Tisch: hat der Hund bisher jedes Mal etwas bekommen und hört die Familie nun von einem Tag auf den anderen auf, ihn bei Tisch zu füttern, wird das Bettelverhalten schnell (innerhalb von wenigen

Tagen) „aussterben". Hat er aber zuvor nur hin und wieder etwas bekommen, wird er unter Umständen noch wochenlang am Tisch herumlungern, ehe er es endgültig lässt. In beiden Fällen muss die Familie damit rechnen, dass der Hund in den ersten Tagen nach ihrem folgenschweren Entschluss einen „Trotzanfall" bekommt und aufdringlicher bettelt als je zuvor. So eine „Erstverschlimmerung" ist also nicht als Misserfolg zu werten, sondern sogar als positives Zeichen dafür, dass der Hund gerade dabei ist, umzulernen.

„Gelöschtes", einstmals über Belohnung gelerntes, operant gelerntes Verhalten kann außerdem ebenso wie klassisch Konditioniertes mit nur wenigen Wiederholungen erneut „aufgefrischt" werden oder sich auch nach einer Lernpause spontan wieder „erholen". Dies erklärt, warum manche unerwünschten Verhaltensweisen so hartnäckig immer wieder auftauchen, ehe sie dann evtl. doch eines Tages endlich ganz gelöscht sind. Darum ist es so verhängnisvoll, wenn die Tante, die zu Besuch da ist, dem Hund heimlich beim Mittagstisch etwas zusteckt. Und es bedeutet, dass man damit rechnen muss, dass der Hund das einmal positiv verstärkte Betteln, auch wenn es erfolgreich gelöscht wurde, hin und wieder doch noch einmal ausprobieren wird, z.B. in einer anderen Umgebung (Urlaub, Verwandtenbesuch). Andererseits „vergessen" Hunde aufgrund desselben Phänomens aber auch glücklicherweise in der Regel einzelne negative Erlebnisse, wie z.B. Trainingsfehler, die jedem Hundehalter nun einmal hin und wieder unterlaufen.

Lernkurven, Lernplateaus und latentes Lernen

Lernen ist nie ein linearer Prozess. Egal was man übt, man wird nicht stetig besser, bis man Perfektion erreicht hat. Das Ganze ist vielmehr ein immer währendes Auf und Ab, mit vielen Rückschlägen, aber auch überraschenden, sprunghaften Verbesserungen. Oft tritt man auch lange Zeit auf der Stelle: es scheint einfach nicht voranzugehen. Das nennt man dann ein „**Lernplateau**". Solche Plateaus und Einbrüche können sich auf eine einzelne Übung beschränken, aber auch den ganzen Trainingsprozess betreffen. Oft ist es sogar vorhersehbar, wann es zu Schwierigkeiten kommen wird, nämlich u.a. wenn die Anforderungen gesteigert werden, Ablenkung hinzukommt oder etwas am gewohnten Übungsablauf verändert wird (z.b. ein neuer Apportiergegenstand oder ein anderer Ort). Eigentlich ist das ganz normal und entspricht auch der eigenen alltäglichen Erfahrung, z.b. beim Vokabellernen oder beim Training für einen sportlichen Wettkampf. Hunden unterstellt man aber immer wieder fälschlicherweise „Dickköpfigkeit" oder gar „Dominanzstreben", wenn sie eine vorübergehende Verschlechterung der Leistung durchmachen.

Lernen kann auch im Verborgenen stattfinden, z.b. während der Hund schläft oder etwas tut, das mit dem Training nichts zu tun hat. Man nennt dies **latentes Lernen**" (latent = vorhanden, aber nicht offenkundig sichtbar, verborgen). Es ist gar nicht so selten, dass nach einer Trainingspause eine sprunghafte Verbesserung der Leistung zu beobachten ist. Nichtstun scheint manchmal das Beste zu sein. Wie dies zustande kommt, ist nicht ganz klar. Mit Sicherheit findet während der Ruhephasen eine bessere Verarbeitung des Gelernten im Gehirn statt. Evtl. spielt es aber auch eine Rolle, dass Lernen immer auch mit einem gewissen Stress verbunden ist, besonders, wenn es mal Komplikationen gibt oder man vom Hund etwas verlangt, was er eigentlich nicht so gern macht. In der Pause baut er dann den Stress ab und beginnt die nächste Trainingseinheit in entspanntem Zustand und ohne die durch den Stress ausgelösten Denkblockaden.

Auch eine Motivationssteigerung trägt möglicherweise zum Phänomen des latenten Lernens bei: der Hund freut sich, wenn er etwas tun kann, zu dem er längere Zeit keine Gelegenheit mehr hatte, und ist darum – vor allem nach einer langen Pause – wieder eifriger dabei (siehe bei „Deprivation", Seite 54).

Lernhemmnisse

Unter bestimmten Umständen ist Lernen erschwert bis unmöglich. Zu diesen Umständen gehören Angst und Stress ebenso wie körperliche Beeinträchtigungen, etwa Ermüdung oder Krankheit. Zusätzliche Handicaps sind bei einigen Hunden körperbauliche Probleme sowie eine mangelhafte Sozialisierung. Es leuchtet z.b. ein, dass ein extrem kurzhaariger Hund auf kaltem Boden nur ungern „Platz-Bleib" macht oder Angehörige von Riesenrassen sich nicht so zügig niederlegen können wie normal gebaute Hunde. Ihr Lernvermögen ist zwar intakt, jedoch fallen ihnen bestimmte Übungen unverhältnismäßig schwer. Sozialisierungsdefizite können – wie im Abschnitt „Prägung" (Seite 14) erläutert – schlimmstenfalls dazu führen, dass das Lernvermögen an sich beeinträchtigt ist. Meist jedoch sind diese Hunde einfach nur vor vielen Dingen ängstlicher als gut sozialisierte Artgenossen und kommen insgesamt auch wesentlich schlechter mit Stress zurecht. Für die Ausbildung ist das deshalb ein Problem, weil Stress ein echter „Lernkiller" ist.

Stress ist an sich eine Körperreaktion, die das Tier (oder den Menschen) auf Kampf oder Flucht vorbereitet. Die Stressreaktion läuft automatisch ab und kann vom Gestressten selber nicht willentlich unterdrückt werden. Stress ist nicht immer schädlich, sondern gehört in einem gewissen Maße zum Leben dazu. Auch Lernen ist stets mit Stress verbunden, doch solange der Stress in einem eher anregenden Bereich bleibt, macht das nichts. Zu starker, häufiger oder lang andauernder Stress kann aber krank machen. Und die bei Stress freigesetzten Hormone blockieren das Lern- und Denkvermögen. Auch ist bereits vorher Erlerntes unter Stress oft nicht mehr abrufbar.

Es ist also elementar wichtig für den Lernerfolg, dass der Trainer die Lernsituation und die Ausbildungsmethode so wählt, dass der Stress für den Hund möglichst gering ist.

Faktoren, die Stress hervorrufen und damit das Lernen stark beeinträchtigen, sind vor allem Angst, Hunger, Durst, Schmerz, Kälte usw., laute Geräusche, beunruhigende Gerüche u.ä. alarmierende Sinneswahrnehmungen, Ungewissheit, Unbekanntes, wiederholter Misserfolg. Das meiste davon erzeugt in der Hundeausbildung der Mensch am anderen Ende der Leine. Natürlich führen harte Korrekturen und Strafen oder psychischer Druck zu starkem Stress, vor allem, wenn die „Spielregeln" für das Tier nicht vollkommen klar sind, sodass es nicht weiß, was es tun kann, um den negativen Einwirkungen zu entgehen. Aber auch ein launischer, unberechenbarer Hundeführer sowie ein zwar wohlmeinender, sich aber häufig für den Hund unverständlich benehmender Mensch ist ein enormer Stressfaktor für den ihm ausgelieferten Hund.

Alle im Folgenden aufgeführten **Stressanzeichen** sollten den Hundeführer veranlassen, sofort die Trainingssituation entsprechend zu verändern oder eine Pause einzulegen, da der Hund offenbar momentan überfordert ist. Stress-Symptome in zunehmender Dringlichkeit sind beim Hund: sich die Schnauze lecken („züngeln"), gähnen. Unsteter, abgewandter Blick. Verweigert Spiel oder Leckerchen. Erweiterte Pupillen (Augen „herausquellend"), hecheln, Ohren zurücklegen. Verkrampfte Körperhaltung, runder Rücken, Hinterhand leicht eingeknickt. Pfotenballen schwitzen, zittern, so genannter „Lämmerschwanz" (Rute hängt schlaff zwischen den Hinterbeinen herab). Im Extrem erfolgt Angriff, Flucht oder völlige Erstarrung.

Im Wesentlichen gibt es zwei Stresstypen: den erregbaren und den gehemmten. Der **„aktive" Stresstyp** wird unter Stressbedingungen hyperaktiv, aufgeregt und hektisch, neigt zu Hochspringen, Herumrennen, spielerischem Schnappen, Winseln und Bellen und dazu, Kommandos vorwegzunehmen. Hundeführer und Ausbilder missverstehen solches Verhalten leider oft entweder als frech und ungezogen oder als Ausdruck von Übereifer, Verspieltheit oder gar besonderer „Freudigkeit".

Der **„passive" Stresstyp** bewegt sich unter Stress nur noch verlangsamt, wie durch Sirup, und kann sogar völlig „einfrieren". Kommandos führt er dann nur noch sehr zögernd aus oder versucht, sie zu „überhören" oder sich der Ausführung zu entziehen, was in dieser Situation eine Form von Meideverhalten darstellt. Tragischerweise wirkt das Verhalten des gehemmten Stresstyps auf unkundige Menschen so, als sei der Hund faul, gelangweilt oder besonders stur und aufsässig.

Motivation und positive Verstärkung

Was ist Motivation?

Unter „Motivation" versteht man beim Menschen die Summe der Beweggründe, die Inhalt, Richtung und Intensität seines Handelns bestimmen. In der Biologie bezeichnet der Begriff die Bereitschaft eines Tieres zu einem bestimmten Verhalten, manchmal auch „Gestimmtheit" oder „Handlungsbereitschaft" genannt. Die Motivation hat für jede Verhaltensweise zu jedem Zeitpunkt eine bestimmte Größe, die von einer Vielzahl von inneren und äußeren Faktoren abhängig ist und sich daher ständig ändert. Lernen und Motivation sind untrennbar miteinander verbunden und gleichermaßen wichtig für die Hundeausbildung. Auch Handeln bedarf immer der Motivation. Ein Hund mag etwas gut gelernt haben – wenn er in einem gegebenen Moment nicht genug motiviert ist, das Gelernte auszuführen, wird er es nicht tun. Insofern ähnelt die Motivation dem Sprit beim Autofahren: ohne geht es nicht. **Faktoren, die die Motivation beeinflussen**, sind z.b. Empfindungen wie Hunger, Durst, Kälte usw., der Gesundheitszustand, der Hormonstatus (also z.b. Paarungsbereitschaft oder Trächtigkeit), innere Uhren wie der Tag- und Nachtrhythmus, angeborene Auslöser für bestimmte Verhaltensweisen und ggf. eine allgemeine Erregung. Auch das Alter des Tieres beeinflusst seine Motivation: sechs Wochen alte Welpen z.b. interessieren sich noch nicht für Paarungsverhalten, jedoch ist ihre Bereitschaft zu spielen sehr hoch. Eine große Rolle spielt weiterhin, was das Tier gerade vorher getan und erlebt hat. Das Ausführen einer Handlung senkt normalerweise für eine Weile die Motivation, eben diese Handlung erneut auszuführen. Ein Hund, der gerade stundenlang gespielt hat, wird in der Regel weniger motiviert zu einem Rennspiel sein als einer, dessen letzte Spielgelegenheit schon lange zurückliegt. Und ein Hund, der von einem anderen Hund angegriffen wurde, ist vermutlich direkt nach diesem Erlebnis eher bereit, gegen Artgenossen aggressiv zu werden, als es sonst der Fall wäre.

Natürlich beeinflussen auch Lernerfahrungen die Motivation des Hundes, in einer bestimmten Situation eine bestimmte Handlung auszuführen. Als Menschen können wir hier am wirkungsvollsten eingreifen, und zwar durch den Einsatz von positiver und negativer Verstärkung nach den Regeln der operanten Konditionierung. Auch einige andere Faktoren, die die Motivation beeinflussen, können wir zumindest zum Teil kontrollieren und damit die Bereitschaft des Hundes, das zu tun, was wir von ihm wollen, erhöhen. Um solche Möglichkeiten geht es in diesem Kapitel. Viele Faktoren entziehen sich aber auch dem Zugriff des Menschen: das Tier Hund ist nicht beliebig nach unseren Wünschen manipulierbar.

Die Motivierbarkeit von Hunden

Für ein typisches Fluchttier (z.B. ein Kaninchen) ist ein neuer Sinneseindruck meist eine schlechte Nachricht: es könnte die Gefahr bedeuten, zur Beute eines anderen zu werden. Im Gegensatz dazu ist der Beutegreifer Hund neuen Eindrücken gegenüber interessiert und offen, ja, er sucht sie geradezu aktiv auf. Immerhin kündigen sie für ihn evtl. eine Gelegenheit an, Beute zu machen. Aufgrund dieser Eigenschaften kann man Hunde auf vielerlei Weise motivieren und anregen. Bewegungen und Geräusche wirken anziehend auf sie. Hunde sind neugierig und bekommen von Spiel, Futter und Aufmerksamkeit nicht so schnell genug. Das macht sie zu leicht trainierbaren Tieren.

Dennoch bestehen deutliche Unterschiede zwischen den Individuen, die u.a. **rassetypische Eigenschaften** sind. Angehörige von aktiven, lebhaften Rassen mit in einzelnen Teilen ausgeprägtem Jagdverhalten und für eine enge Zusammenarbeit mit dem Menschen gezüchtet (z.B. Hütehunde, Jagdhunde), lassen sich meist gut über

Spiel, Futter oder Sozialkontakt motivieren – alles Mittel, derer wir Menschen uns leicht bedienen können.

Im Gegensatz dazu sind Vertreter sehr eigenständiger Rassen, die zudem an den oben genannten Motivationsmitteln nur mäßiges Interesse haben (z.B. Herdenschutzhunde), natürlich weitaus schwerer zu beeinflussen. Bei Windhunden, nordischen Hunden, Meutehundrassen, Bauhunden (Teckel) usw. ist wiederum das Jagdverhalten zwar sehr stark ausgeprägt, aber auch sie wurden, ebenso wie die Herdenschutzhunde, für Aufgaben gezüchtet, die sie eigenständig, ohne viel menschliche Hilfe erfüllen mussten. Zudem läuft bei ihnen das Jagdverhalten mit großem Ernstbezug oft noch als vollständige Sequenz ab, sodass ritualisierte Jagdspiele diesen Hunden vielleicht als „Kinderkram" erscheinen mögen. Hat man dann noch ein Individuum vor sich, das an Futter nur bedingt interessiert ist, wird das Training mühsam.

Andere rassetypische Eigenschaften beziehen sich auf die Reaktion gegenüber aversiven (= unangenehmen, abstoßenden) Reizen und Zwang. Während manche Hunde in dieser Hinsicht vieles wegstecken (Jagdhunde, Schäferhunde), neigen andere dazu, sich entweder zur Wehr zu setzen (Terrier, Herdenschutzhunde), auf stur zu schalten („Dackel kann man eben nicht erziehen!") oder allzu sensibel bis völlig verstört darauf zu reagieren (Collies). Diese Rassen kommen so in den Ruf, insgesamt nicht für eine Ausbildung zu taugen, obwohl man mit Trainingsmethoden, die rein auf positiver Verstärkung beruhen, wenig Probleme mit ihnen hat.

Missverständnisse

„Motivier deinen Hund!" – das wird einem auf vielen Übungsplätzen gesagt. Meist ist damit gemeint, dass der Hundeführer Pause machen und mit dem während der Übungen lustlos gewordenen Hund spielen soll, um ihn wieder aufzumuntern. Oder er soll den zögernden Hund mit einem Lockmittel (z.B. Futter oder Spielzeug) dazu bewegen, die anstehende Aufgabe (z.B. durch einen Reifen zu springen) doch noch zu bewältigen. Und unter „Motivationsarbeit" wird manchmal verstanden, dass man vor Beginn der eigentlichen Ausbildung monatelang auf dem Platz ausgelassen mit dem Hund spielt. Von all dem verspricht man sich, dass es die „Motivation" des Hundes erhöhen soll. So benutzt ist „Motivation" aber ein schillernder und wenig hilfreicher Begriff. Wie wir gesehen haben, ist Motivation die innere Bereitschaft – der „Wille" – des Hundes, in einer bestimmten Situation eine bestimmte Handlung auszuführen. Sie ist kein Akku, den man in regelmäßigen Abständen auflädt, damit der Hund danach eine Zeit lang freudig mitmacht, bis der Akku wieder leer ist und erneut aufgeladen werden muss. Und sie ist auch nichts, das im luftleeren Raum bestehen kann. „Motiviert" ist der Hund nicht einfach so, sondern immer nur zu einer bestimmten Handlung. Und das Erhöhen der Motivation kann – wie wir im Folgenden sehen werden – vielschichtiger und geschickter erfolgen als durch das bloße Vorhalten der sprichwörtlichen Karotte, die man dem Esel vor der Nase baumeln lässt, damit er den Karren zieht.

Primäre und sekundäre Motivation

Im Rahmen der Hundeausbildung kann es sinnvoll sein, Motivation in qualitativ verschiedene Arten einzuteilen. Der Hund kann entweder primär oder sekundär motiviert sein. Tut er etwas, weil er es an sich gern tut, nennt man das **Primärmotivation**. Ein Beispiel dafür ist das spielerische Tragen von Gegenständen. **Sekundärmotivation** bedeutet, dass der Hund für eine Tätigkeit zwar keine besondere Vorliebe hat, sie aber trotzdem ausübt, weil er dafür eine Belohnung bekommt. Er trägt z.b. einen Gegenstand, weil er weiß, dass er danach ein Leckerchen bekommt.

Der Hund kann aber auch aufgrund von negativer Verstärkung **meidemotiviert** sein: er trägt das Apportierholz, weil dies die einzige Möglichkeit ist, wie er Unannehmlichkeiten vermeiden kann. Primärmotivation ist der Sekundärmotivation vorzuziehen und diese wiederum der Meidemotivation, denn primär motivierte Tätigkeiten belohnen sich sozusagen selbst. Damit sind sie sehr sicher gegen Ablenkung und können sehr ausdauernd ausgeführt werden. Das Vermeidungslernen wird uns noch im Kapitel „Bestrafung und negative Verstärkung" (Seite 87) beschäftigen. Hier geht es im Weiteren um primäre und sekundäre Motivation. Angeborene und besonders starke Primärmotivationen gibt es im Funktionskreis des Beutemachens. Jagen ist ein harter Job. Ehe ein Beutegreifer etwas erwischt, ist er viele Male daneben gesprungen, hat viele Fährten wieder verloren, manche Hetzjagd erfolglos abgebrochen und oft genug Huftritte und ähnliche Widrigkeiten einstecken müssen. „Raubtiere" haben darum von Natur aus in diesem Bereich einen gewissen Überschuss an Antrieb (= Motivation), was sich z.b. daran zeigt, dass sie bei gutem Futterangebot in ihrer „Freizeit" Jagdspiele machen. Untersuchungen haben ergeben, dass Hunde sogar körpereigene Endorphine („Glückshormone") produzieren, während sie intensiv Tätigkeiten aus dem Bereich des Beutemachens, wie z.b. Hüten oder Vorstehen, nachgehen.

Ein anderes sehr stark primär motiviertes Verhalten ist selbstverständlich auch das Fressen. Sozialkontakt zu Artgenossen und Menschen (also Sozialspiel, Körperkontakt, Aufmerksamkeit oder gemeinsames Tun) sowie Erkundungs- und Neugierverhalten (Herumstreifen, Schnuppern, Markieren) ist als angeborenes Verhalten ebenfalls von Natur aus stark primär motiviert.

Doch natürlich kann auch erlerntes Verhalten primär motiviert sein. Dies beweisen Hunde, die gerade eine neue Fertigkeit, wie z.b. das Durchlaufen des Agilitytunnels, gelernt haben und diese dann häufig ohne weitere Aufforderung mehrfach und mit offensichtlichem Vergnügen wiederholen. Auch gut gekonnte und oft belohnte antrainierte Handlungen können primär motiviert sein. Sie wurden im Laufe der Ausbildung mit angenehmen Gefühlen verknüpft.

Beinhaltet das „Arbeitsgebiet" des Hundes große Anteile angeborenermaßen stark primär motivierten Verhaltens wie z.b. beim jagdlichen Einsatz, beim Hüten oder im Schutzhundsport, macht das die Motivation des Hundes bei der Ausbildung und späteren Arbeit wesentlich leichter. Was er tut, ist sozusagen stark ritualisiertes

Jagen. In dieser Motivation ertragen viele Hunde dann notfalls auch ein höheres Maß an Zwang und aversiven Reizen als sonst. Anders z.b. bei hundesportlichen Gehorsamsübungen („Unterordnung" genannt) oder Gehorsam im Alltag: hier fehlt weitgehend die Primärmotivation, von einer gewissen Motivation aus dem sozialen Bereich durch gemeinsames Tun einmal abgesehen. Der Hundeführer muss sich dann viel mehr anstrengen, um die Tätigkeit an sich dem Hund lieb zu machen. Dies kann geschehen, indem er das Training insgesamt günstig gestaltet (siehe die folgenden Abschnitte dieses Kapitels), aversive Reize nur sehr sparsam benutzt oder am besten ganz darauf verzichtet und zumindest anfänglich eine hohe Belohnungsrate aufrechterhält. Dadurch kann das Arbeiten mit dem Menschen insgesamt von einer sekundär zu einer primär motivierten Tätigkeit werden – der Hund wird zum „workaholic".

Interessant ist, dass es offenbar möglich ist, eine Primärmotivation zu „korrumpieren", indem man sie zusätzlich sekundär motiviert, also belohnt. Wir kennen das selber auch: es ist ein Unterschied, ob man etwas aus reinem Selbstzweck oder für Geld tut, weil man unwillkürlich anfängt, mehr ans Geld als an die Sache an sich zu denken, wenn man dafür bezahlt wird. Auch beim Hund kann es manchmal gelingen, ihm die Motivation für eine bestimmte Tätigkeit „abzukaufen", vermutlich, weil die Belohnung ihn in eine andere Grundstimmung bringt. Ein Hund, der sehr häufig buddelte, verringerte dies z.b., nachdem sein Besitzer anfing, ihn mit Futter fürs Graben zu belohnen, obwohl dies ja eigentlich nach den Regeln der operanten Konditionierung zu einer Verstärkung des Grabens führen müsste. Jedoch „dachte" der Hund nun mehr ans Fressen als ans Graben und scharrte nur noch kurz und mit Blick auf den Hundeführer, also aus einer anderen Motivation heraus als zuvor und damit viel weniger intensiv.

Das Premack-Prinzip

Der Psychologe **David Premack** konnte zeigen, dass nicht nur ein Objekt (wie z.b. ein Leckerchen), sondern auch eine Tätigkeit eine

Belohnung sein kann. Wenn ein Tier freie Wahl zwischen zwei Verhaltensweisen hat, besteht für jede dieser Verhaltensweisen eine
bestimmte Wahrscheinlichkeit. Auf der Hundewiese ist es z.b.
wahrscheinlicher, dass ein junger Hund mit Artgenossen spielt
(Verhalten A) als bei Fuß kommt (Verhalten B). Kann man es nun
so arrangieren, dass der Hund jeweils zuerst Verhalten B (bei Fuß
kommen) zeigen muss, ehe man ihm Zugang zu A (spielen)
gewährt, steigt mit der Zeit die Wahrscheinlichkeit an, dass er B (bei
Fuß kommen) ausführt.

Mit den im vorigen Abschnitt erläuterten Begriffen ausgedrückt:
eine primär motivierte Tätigkeit kann als Belohnung für eine
sekundär motivierte Tätigkeit benutzt werden. Voraussetzung ist
natürlich, dass man sich Kontrolle darüber verschafft, was der
Hund wann tun kann.

Das Premack-Prinzip kann man bei der Hundeerziehung und -aus-
bildung vor allem im Alltag gut nutzen, indem man es zur Regel
macht, dass der Hund zuerst etwas tun muss, was der Mensch von
ihm will (z.b. an der Tür „Sitz-Bleib" machen), ehe er etwas tun
darf, was er selbst gern will (z.b. in den Garten laufen). Diese Belohnungen aus der Situation heraus sind eine besonders elegante
Methode, den Hund zu erziehen. Gehorsam zu sein wird für ihn
sehr attraktiv, denn er sieht darin nicht etwas, was ihn von den schönen Dingen des Hundelebens abhält und was er folglich nur widerwillig tut, sondern etwas, durch das er all die schönen Dinge des
Lebens bekommt. Und da auch antrainierte Handlungen primär
motiviert sein können, ist es sogar möglich, dass man den Hund für
das Ausführen eines Kommandos damit belohnt, das man ihm das
nächste Kommando gibt. Ein Agility-Hund z.b., der nicht so gern
über die Mauer springt, aber den Tunnel besonders liebt, kann für
den Sprung über die Mauer belohnt werden, indem man ihn gleich
danach in den Tunnel schickt.

Wenn man nach dem Premack-Prinzip zwei Tätigkeiten durch eine
Belohnungsregel fest voneinander abhängig macht, kann es
manchmal zu Verschiebungen in der Motivation kommen. Nachdem die zuerst weniger gern ausgeführte Tätigkeit oft genug

belohnt wurde, kann sie so stark an Attraktivität gewinnen, dass sie die zunächst als Belohnung verwendete Tätigkeit aussticht. Spielt man z.b. mit einem Hund immer ein (primär motiviertes) Zerrspiel als Belohnung dafür, dass er das geworfene Spielzeug gebracht hat, ist es nicht selten, dass der Hund nach einiger Zeit freiwillig auf das Zerrspiel verzichtet und stattdessen lieber möchte, dass der Ball nach dem Bringen gleich noch einmal geworfen wird.

Tarifverhandlungen

Wie wir im Kapitel „Lernverhalten" (Seite 10) gesehen haben, ist es individuell verschieden, was als Belohnung angesehen wird. In Fragen der Motivation ist daher vor allem die Meinung des beteiligten Hundes wichtig. Wenn der Trainer hartnäckig darauf besteht, den Hund mit etwas zu belohnen, was für diesen nur „zweite Wahl" ist (wie es vor allem bei Anfängern in der Hundehaltung gar nicht so selten vorkommt), ist es mit dessen Motivation natürlich nicht weit her. Entsprechend zäh und schleppend verläuft dann das Training über positive Verstärkung, wenn es nicht sogar ganz „versagt". Dagegen ergeben attraktive Belohnungen, über die sich der Hund wirklich freut, eine starke Motivation und können das Training sehr beschleunigen. „Gern mögen" ist aber nicht das einzige Kriterium für die Wahl des passenden Motivationsmittels. Der Hund muss auch bereit sein, sich für die Belohnung anzustrengen oder dafür auf etwas anderes zu verzichten. Sich über etwas freuen und bereit sein, dafür zu arbeiten, sind nämlich zwei Paar Schuhe, wie folgendes Beispiel zeigt: Über eine Schachtel teure Pralinen als kleines Dankeschön freut man sich. Das heißt aber noch lange nicht, dass man dafür selbst verdientes Geld ausgeben würde. Ähnlich wie mit den Pralinen verhält es sich bei vielen Hunden z.B. mit Streicheleinheiten: obwohl der Hund in bestimmten Situationen durchaus gern gestreichelt wird, bedeutet das noch lange nicht, dass er Streicheln während der „Arbeitszeit" als Belohnung schätzt und sich großartig dafür anstrengt. Streicheln ist daher ein eher schwaches

Motivationsmittel, das meist nur in Situationen ausreicht, in denen keine Ablenkung (konkurrierende Motivation) vorhanden ist, also z.B. im häuslichen Bereich.

Futter oder Spiel

Während im Alltag viele Dinge und Tätigkeiten als Belohnung wirken können, bleiben für gezielte Trainingseinheiten Futter und Spiel die wichtigsten Motivationsmittel, weil fast jeder Hund zumindest für eines der beiden empfänglich ist und weil sie aus Sicht des Menschen technisch leicht einsetzbar sind. Beide stammen aus dem Verhaltenskreis „Beute machen". Beide haben ihre Vor- und Nachteile. Interessanterweise haben Leckerchen gegenüber Spielzeug bei vielen Hundeführern und Trainern einen eher schlechten Ruf. Es haftet ihnen pauschal ein Ruch von „Bestechung" an, während es allgemein als völlig akzeptabel gilt, einen Hund mit Spiel oder Spielzeug zu belohnen. Vernünftig begründen kann man solche Vorurteile nicht. Füttern muss man den Hund sowieso – warum also nicht dafür eine Leistung fordern? Sich für sein Essen anstrengen zu müssen, ist schließlich für alle Lebewesen das Normalste der Welt, ganz besonders für einen Jäger wie den Hund.

Spiel hat einige Merkmale, die es schwerer handhabbar machen als Futter. Es ist untrennbar mit Bewegung verbunden. Ein Hund in Spielstimmung ist aufgekratzt und möchte gern rennen, springen, balgen oder gar seine Zähne einsetzen. Diese Bewegungsfreude kann den unerfahrenen Hundeführer überfordern. Der Hund kann auch „aus der Hand geraten" und z.B. vor Übermut in die Kleidung schnappen, bellen oder anspringen. Wenn er dabei immer wieder spürt, dass er dem Menschen körperlich überlegen ist und ihn „austricksen" oder grob behandeln darf, kann das zu Problemen führen. Eine weitere Schwierigkeit kann darin bestehen, das Spielzeug vom Hund wiederzubekommen. Der Hundehalter muss erreichen, dass der Hund das Spielzeug freudig und freiwillig wieder hergibt und möglichst auch bringt, denn geht das „Aus" nur über „Druck", erhält die Motivation jedes Mal einen empfindlichen Dämpfer.

Jede Verstärkung mit einem Spielzeug führt unweigerlich dazu, dass die Übungssequenz mehr oder weniger lange unterbrochen wird. Einen spielunlustigen Hund zum Spielen zu bringen ist außerdem meist schwieriger als einen fressunlustigen zum Fressen zu bewegen. Andererseits ist Spielzeug im Gegensatz zu Futter „recyclebar". Spielmotivation ist aufgrund der damit verbundenen Bewegungsfreude auch dann von Vorteil, wenn man möchte, dass der Hund besonders schnell und temperamentvoll ist, wie z.B. beim Agility. Auch für **Futter** arbeitet ein Hund hochmotiviert und kann sehr erregt werden. Er ist aber meist leichter zu kontrollieren als bei Motivation durch Spiel. Geht es mehr um Konzentration und Präzision als um Überschwang und Geschwindigkeit, ist Futter dem Spiel vorzuziehen (z.B. für die Kontaktzonen im Agility). Fressen hat sogar einen leichten Beruhigungseffekt, sodass es sich auch gut zum Bearbeiten von Angst- oder Stressproblemen (z.B. für eine Desensibilisierung) eignet. Eine Futtergabe unterbricht die Übungsfolge nur sehr kurz, und da das Futter dann im Hund verschwunden ist, hat der Hundeführer keine Probleme damit, wie er es wiederbekommen soll. Aufgrund dieser Vorteile ist Futter im Allgemeinen leichter zu handhaben. Einen fressunlustigen Hund zum Fressen zu bringen ist zudem leichter als einen spielunlustigen zum Spielen, denn fressen müssen und wollen alle Hunde. Schlimmstenfalls kann man ein oder zwei Mahlzeiten vorenthalten oder den Hund daran gewöhnen, dass er sich grundsätzlich alles Futter erarbeiten muss. (Schließlich steht nirgendwo geschrieben, dass ein Hund seine Hauptmahlzeit unbedingt aus dem Napf fressen muss ...)

Zusammenfassend kann man sagen, dass sowohl Futter als auch Spiel hohe Motivation ergeben. Motivation über Futter eignet sich dabei besser für Anfänger und für Übungen, bei denen es auf Genauigkeit und Konzentration ankommt. Der Einsatz von Spiel erfordert mehr Erfahrung und Geschicklichkeit vom Hundeführer und kann geeignet sein, einen Hund schneller zu machen. Am schönsten ist es natürlich, wenn ein Hund mit beidem motivierbar ist. Dadurch hat der Hundeführer je nach Situation die Wahl und es wird leichter, das Training abwechslungsreich zu gestalten. Hat man die Möglichkeit, zwischen Spiel- und Futtermotivation abzuwechseln, kann man den Hund außerdem über längere Perioden arbeiten lassen, als wenn einem nur eines der Mittel zur Verfügung steht. Möchte man bei einem „Nichtspieler" Spielelemente ins Training einführen, kann man übrigens viele Spiele auch mit einem Futterbröckchen oder Futterbeutel an Stelle eines Spielzeugs spielen.

Größe und Menge der Belohnungen

Belohnungen sollten beim Training mit positiver Verstärkung möglichst klein gehalten werden, denn je größer die Leckerchen bzw. je länger das Spiel zur Belohnung, desto schneller ist der Hund „gesättigt" und damit für weitere Übungen nicht mehr so gut motivierbar. Es gilt hier die Regel: Qualität geht vor Quantität. Spielsequenzen zur Belohnung sollen unter normalen Bedingungen zwar intensiv und abwechslungsreich, aber kurz sein. Meist reichen einige Momente Zerrspiel oder ein Ballwurf aus. Bei der Verwendung von Futter gilt die Faustregel, dass man ggf. zwar sehr schmackhafte, aber möglichst kleine Futterbrocken verwenden sollte. Die Übungseinheit wird in der Regel beendet, wenn ca. 20 bis 30 davon verfüttert worden sind (oder auch früher, falls die Motivation des Hundes nicht so lange anhält). Zumindest bei Delphinen zeigte sich, dass bei ca. 100 Belohnungen pro Tag eine Obergrenze erreicht ist, ab der mehr Wiederholungen keine besseren Resultate bringen.

Größe und Qualität der Belohnung muss außerdem der „Arbeitsleistung" angepasst sein. Karen Pryor stellte z.B. bei Forschungsarbeiten mit Delphinen fest, dass die als Belohnung benutzten üblichen kleinen Fische nicht ausreichten, die Delphine dazu zu motivieren, eine „Rennstrecke" in Höchstgeschwindigkeit zurückzulegen. Dies taten sie nur für besonders große Belohnungen und auch nur, wenn eine hohe Belohnungsrate aufrechterhalten wurde. In der Natur macht das natürlich Sinn: der Aufwand muss in einem vernünftigen Verhältnis zum Nutzen stehen, andernfalls würde das

Tier sich selbst schaden. „Teuer" in diesem Sinne sind bei Hunden zwar nur selten körperlich anstrengende Tätigkeiten, aber umso öfter solche, die der Hund nur sehr ungern tut (z.b. Metallhanteln apportieren oder in strömendem Regen „Platz" machen) oder vor denen er Angst hat (z.B. über ein wackeliges Brett gehen oder Abliegen in der Nähe eines gefürchteten Rivalen). Hier muss – ebenso wie bei starker Ablenkung – mit stärkerer Motivation gearbeitet werden, was bedeutet, dass man bei der Arbeit mit positiver Verstärkung besonders große und attraktive und/oder mehr Belohnungen als sonst gibt und bei negativer Verstärkung einen stärker aversiven (unangenehmen) Reiz benutzt..

Sich selbst attraktiv machen

Ausschließlich oder fast ausschließlich positive Verstärkung bei der Ausbildung zu benutzen ist ein guter Weg, sich als Hundeführer attraktiv zu machen. Der Mensch wird dadurch für den Hund zum Vorboten sehr vieler schöner Dinge, während kaum je etwas Unangenehmes von ihm ausgeht. Er gewinnt damit sozusagen selbst die Qualität eines positiven konditionierten Verstärkers und rückt dadurch auch in den Mittelpunkt der Aufmerksamkeit des Hundes. Um dies noch zu fördern, sollte man darauf achten, dass die Belohnungen in der Regel auch tatsächlich vom Menschen selbst ausgehen. Würde man dem Hund z.b. die Belohnungshäppchen jeweils in einen Napf werfen statt sie ihm aus der Hand zu geben, würde er sich teilweise vom Menschen weg auf den Napf konzentrieren. Bei Futterbelohnung kommt dies natürlich selten vor, aber beim Spiel schon eher. Um den Hund an den Hundeführer zu binden sollte das Spiel zur Belohnung überwiegend eng bei diesem und mit ihm zusammen stattfinden. Gut ist es auch, wenn man sich unmittelbar selbst ins Spiel bringen kann, indem nicht über ein Spielzeug, sondern direkt gespielt wird (z.B. durch gemeinsames Laufen und Herumtoben). Als eine Form der Belohnung gelegentlich einfach die eigene Freude über eine gute Leistung des Hundes durch Stimme und Bewegung auszudrücken kann ebenfalls dazu beitragen, die

Bindung zu festigen, falls der Hund dafür empfänglich ist und sich von der freudigen Stimmung anstecken lässt.

Deprivation

Neben dem „Aufrüsten" der Belohnungen (z.b. durch mehr oder besonders schmackhafte Leckerchen) gibt es noch eine andere Möglichkeit, die Attraktivität eines Verstärkers zu erhöhen, nämlich indem man ihn dem Hund vor der Verwendung für einige Zeit entzieht. Man nennt dies Deprivation (= Entzug von etwas Erwünschtem). Deprivation kann im Extremfall in Maßnahmen bestehen, die durchaus tierschutzrelevant sind, z.b. wenn man den Hund ständig im Zwinger hält, damit er froh ist, wenn man sich endlich mit ihm beschäftigt, oder wenn man ein Tier wirklich aushungert, wie es teilweise früher bei Lernexperimenten gemacht wurde. Es braucht aber nicht immer gleich so krass zu sein. Auch vernünftige und vertretbare Maßnahmen, wie den Hund nicht vor, sondern nach dem Training zu füttern oder sich in Wartezeiten (z.b. während ein anderer Hund auf dem Agilityparcours ist) nicht allzu sehr mit ihm zu beschäftigen, sind eine Form der – milden – Deprivation und sorgen dafür, dass die Belohnungen noch „ziehen", wenn es wirklich darauf ankommt.

Verstärkungsprogramme

Bei positiver Verstärkung beeinflussen Häufigkeit und Rate der Belohnungen das Lerntempo und die Zuverlässigkeit des Gelernten und können dazu führen, dass das Tier besonders ausdauernd und regelmäßig arbeitet. Sie wirken sich außerdem darauf aus, wie sicher das Gelernte gegen Extinktion ist. Vermutlich ist unter anderem ein gewisser Deprivationseffekt dafür verantwortlich, dass paradoxerweise gerade das Verringern der Belohnungen bis zu einem gewissen Grade zur Steigerung der Motivation beiträgt: je seltener es Belohnungen gibt, umso attraktiver werden diese. Es handelt sich aber immer um eine Gratwanderung. Verringert man die Belohnungen zu schnell oder lässt sie ganz weg, kommt es zur Extinktion: das operant gelernte Verhalten wird wieder „gelöscht". Hunde reagieren auch individuell verschieden auf das Reduzieren der Belohnungen. Wenn die erwartete Belohnung ausbleibt, werden einige sofort eifriger und strengen sich mehr an. Dies ist für das Training natürlich meist erwünscht, sofern es nicht so weit geht, dass der Hund sich vor lauter Aufregung nicht mehr auf die anstehende Aufgabe konzentrieren kann. Andere Hunde reagieren auf die Reduktion beinahe depressiv und führen das Gelernte sofort viel langsamer und beinahe widerwillig aus, sodass man die Belohnungen nur sehr behutsam verringern kann. Diese verschiedenen Reaktionen entsprechen vermutlich dem jeweiligen Stresstyp des Hundes, da durch Ausbleiben der sicher geglaubten Belohnung eine gewisse Frustration entsteht. Passive Stresstypen können jedoch durch Erfahrung lernen, besser mit dem Frust zurechtzukommen, sodass sie dann nicht mehr so schnell aufgeben, sobald es etwas mühsamer wird.

Durch geschicktes „Herunterfahren" der Belohnungshäufigkeit ist es unter Laborbedingungen möglich, die Extinktion extrem zu verlangsamen. Im günstigsten Fall kann man so erreichen, dass ein Tier ein über positive Verstärkung gelerntes, einfaches Verhalten noch mehrere hundert Mal zeigt, nachdem man ganz aufgehört hat, es dafür zu belohnen. Ratten in Skinnerboxen drückten bis zu 40-mal für ein einziges Futterbröckchen auf einen Schalter und waren dabei sogar noch eifriger als bei höheren Belohnungsraten. Erst wenn mehr als hundert Wiederholungen nötig waren, um ein einziges Mal Futter zu bekommen, „starb" das Verhalten „aus".

In der Praxis der Hundeausbildung haben wir es jedoch mit anderen Bedingungen zu tun: immer wieder wechselnde Situationen und Ablenkungen verhindern hier solche Traumergebnisse. Die Belohnungsrate hängt z.b. sehr stark davon ab, was die Umwelt dem Hund gerade bietet. Ist starke konkurrierende Motivation vorhanden (z.B. Artgenossen), muss der Trainer seinem Hund u.U. mehr oder attraktivere Belohnungen geben als sonst, um ihn „bei der Stange zu halten".

Wie oft schließlich auf Dauer belohnt werden muss, damit das Verhalten nicht „ausstirbt" oder die Qualität der Ausführung nicht zu sehr leidet, hängt außer von der vorher gefahrenen Belohnungsrate auch vom Tier selbst und der Übung ab. In der Regel kann man von einfacheren Verhaltensweisen (z.b. „Sitz") mehr für eine einzige Belohnung bekommen als von – aus der Sicht des Tieres – eher aufwendigen oder sogar unangenehmen Handlungen wie z.b. dem Erklettern einer Leiter.

Immerverstärkung

Von den vielen verschiedenen im Labor erforschten Belohnungsschemata braucht man für das Hundetraining im Wesentlichen nur drei. Bei der so genannten Immerverstärkung wird jede richtige Reaktion belohnt (also im Verhältnis 1:1). Dies ist das richtige Vorgehen, wenn der Hund eine neue Aufgabe lernt, denn die Belohnung transportiert hier auch zugleich die Information „richtig gemacht". Daher ist es wichtig, dass sie jedes Mal kommt. Der Hund kann sonst in große Verwirrung geraten. Zudem möchte man erreichen, dass er fest davon ausgeht, dass das neu erlernte Verhalten sich stets lohnt, damit seine Motivation von Anfang an hoch ist.

Nach und nach sollte man aber zu weniger intensiven Verstärkungsraten übergehen, denn auf die Dauer wäre es lästig, den Hund für jede Kleinigkeit belohnen zu müssen. Dies ist auch gar nicht nötig, da in der Natur auch nicht alles „belohnt" wird, was der Hund tut. Außerdem verläuft die Extinktion bei Verhalten, das zuvor auf Immerverstärkung war, sehr schnell – so schnell, dass sie innerhalb von wenigen Minuten z.B. bei einer Prüfung stattfinden kann!

Für eine Reduktion spricht außerdem, dass man insgesamt länger oder öfter trainieren kann, wenn man eine geringere Rate verwendet, da das Tier dann nicht so schnell satt gefressen oder gespielt ist. Über sehr lange Zeit beibehalten, schadet Immerverstärkung manchmal sogar der Motivation, denn sie macht das Training langweilig und allzu vorhersehbar für den Hund.

Verstärkung im festen Verhältnis

Nach der Immerverstärkung kann man zur Verstärkung im festen
Verhältnis übergehen. Es werden z.B. nur noch jede zweite (2:1)
oder nur noch zwei von drei (3:2) richtigen Reaktionen des Tieres
belohnt. Dies ähnelt z.b. der Akkordarbeit, bei der man für Stück-
zahlen belohnt wird. Durch allmähliche und systematische Verringerung der Belohnungsrate (z.b. zuerst 3:2, dann 2:1, 3:1, 4:1
usw.) ist es möglich, die „Arbeitsleistung" des Tieres für eine einzige Belohnung beträchtlich zu steigern. Statt nach einer bestimmten
Stückzahl kann bei lang andauerndem Verhalten (z.b. „Platz-
Bleib") natürlich auch jeweils nach einer bestimmten Dauer belohnt werden. Dies nennt man dann Verstärkung nach einem festen Intervall.

Ein zu langes Verweilen auf Verstärkung in einem bestimmten festen Verhältnis (bzw. nach einem bestimmten Intervall) ist nicht zu
empfehlen, da der Hund die Belohnungsregeln dann „durchschaut". Dies führt dazu, dass die Wiederholungen der Übung, die
direkt nach einer belohnten Reaktion kommen, sehr schlecht ausfallen, da der Hund aus Erfahrung genau weiß, dass er nun lange
wird „arbeiten" müssen, ehe die nächste Belohnung kommt („Mon-
tagmorgen-Effekt").

Variable Verstärkung

Trainingsziel ist letztlich immer, auf variable Verstärkung überzugehen, also nach dem Zufallsprinzip zu belohnen. Der Hund weiß
dann nie, ob die nächste Belohnung sofort oder erst bei einer der
nächsten Wiederholungen kommt, bzw. nach welchem Zeitintervall sie bei lang andauerndem Verhalten kommt. Diese Unvorher-
sehbarkeit bewirkt, dass das Tier das gelernte Verhalten mit großer
Regelmäßigkeit und besonderem Eifer zeigt und bei allmählichem
Vorgehen die Belohnungen insgesamt auch sehr stark verringert
werden können. Wir kennen diesen so genannten „Glücksspiel-
effekt" auch bei uns selbst: Computerspiele oder Lotterien funktionieren nach demselben Prinzip.

Verhalten, das auf variabler Verstärkung war, ist besonders sicher gegen Extinktion, da es beim völligen Absetzen der Belohnungen eine ganze Weile dauern kann, bis das Tier endlich bemerkt, dass nun wirklich keine Belohnung mehr kommen wird. Das beste Beispiel für ein Verhalten, das aufgrund von variabler Verstärkung äußerst hartnäckig beibehalten wird, ist das Betteln bei Tisch. Eine variable Verstärkung auf möglichst sparsamer Rate ist denn auch das Mittel der Wahl, um die Motivation für einmal gelerntes Verhalten auf Dauer weiter zu erhalten.

Von der Immerverstärkung zur variablen Verstärkung

Wann man von der Immerverstärkung zu weniger intensiven Belohnungsraten übergehen kann, ist immer eine Einzelfallentscheidung. Ob der Hund das Geübte bereits gut begriffen hat, kann man testen, indem man zunächst einzelne Belohnungen auslässt. Falls das bisher erreichte Verhalten daraufhin sofort „zusammenbricht" (d.h. der Hund zeigt es gar nicht mehr oder nur noch sehr schlecht), ist es noch zu früh, die Belohnungen zu verringern. Ein weiteres Kriterium ist die Zuverlässigkeit, mit der die Übung schon gezeigt wird. Von mehreren Versuchen sollten mindestens 80% gut klappen, ehe man daran geht, die Verstärkungsrate zu verringern. Grundsätzlich sollte man aber nicht allzu lange auf Immerverstärkung bleiben, denn das kann dazu führen, dass später ein Abbau der Belohnungen erschwert ist. Man riskiert durch rasches Abbauen der Belohnungen auch nicht allzu viel, denn sollte das Gelernte aufgrund zu schneller Reduktion der Verstärkung doch einmal „auszusterben" drohen, kann man es durch einige wenige Belohnungen rasch „wiederbeleben" (siehe bei „Extinktion", Seite 36). Man darf in so einem Fall allerdings auch nicht zögern, dies zu tun, wenn man starke Rückschläge vermeiden will.

Eine Ausnahme bilden nur Verhaltensweisen, die der Hund von Natur aus nur selten oder ungern anbietet. Hier sollte man lieber nicht zu früh testen, ob man schon Belohnungen auslassen kann, denn wenn man Pech hat, ist es schwierig, den Hund nochmals dazu zu bewegen, das gewünschte Verhalten „anzubieten", nachdem es mangels Belohnung „ausgestorben" ist.

Beim Übergang von Immerverstärkung zu variabler Verstärkung eine Zeit lang in einem festen Verhältnis (bzw. nach einem festen Intervall) zu verstärken, ist eine gute Möglichkeit, die Leistung des Hundes zu steigern und ihn behutsam daran zu gewöhnen, dass er nicht mehr jedes Mal belohnt wird. Falls der Hund mit dem Abbau der Belohnungen Probleme hat (seine Leistungen sich sofort rapide verschlechtern, sobald auch nur eine Belohnung ausgelassen wurde), sollte man sehr behutsam vorgehen und z.b. mit einer Verstärkungsrate von 4 : 3 beginnen (= 3 von 4 Wiederholungen werden belohnt). Zur nächsthöheren Stufe, also zur Belohnung nach etwas mehr Wiederholungen oder einem etwas längeren Zeitintervall, sollte man bei Verstärkung in festem Verhältnis oder nach einem festen Intervall relativ schnell übergehen, jeweils sobald die Leistung auf der vorigen Stufe nach evtl. auftretenden vorübergehenden Einbrüchen wieder regelmäßig geworden ist.

Für den Hundehalter bietet die Verstärkung in festem Verhältnis einen Rahmen, zügig im Training voranzuschreiten und sich dabei selbst zu kontrollieren, denn man neigt erfahrungsgemäß sonst entweder dazu, zu lange auf Immerverstärkung zu bleiben oder die Belohnungen allzu schnell zu reduzieren. Dasselbe gilt für das Belohnen nach dem Glücksspielprinzip. Wirklich nach Zufall zu belohnen ist gar nicht so einfach, wie man meinen könnte. Vor allem ist es wichtig, dass der Hund keine versteckten Hinweise bekommt, ob diesmal eine Belohnung zu erwarten ist oder nicht. Fasst der Hundeführer z.b. jeweils in die Tasche, um das Leckerchen herauszuholen, wenn er belohnen will, lässt aber die Hände aus der Tasche, wenn er nicht belohnen will, kann von Glücksspiel keine Rede mehr sein. Es wäre so, als könne man die Lotterielose lesen, ehe man sie kauft. Eine weitere Schwierigkeit besteht darin, dass Menschen immer wieder dazu neigen, in einen Rhythmus zu verfallen. Es ist daher durchaus sinnvoll, sich zumindest in der Phase der Reduktion an von einem Zufallsgenerator erstellte Verstärkungspläne zu halten. Dies kann etwa so aussehen, dass die Anzahl der Wiederholungen (oder die Dauer), nach der jeweils belohnt wird, um einen Mittelwert pendelt, der erhöht wird, sobald der Hund auf dem vorigen

Niveau gleichmäßig arbeitet. Ebenso wie bei der Verstärkung in festem Verhältnis kann bei diesem Vorgehen ein allzu schnelles Verringern zum „Auseinanderfallen" des gelernten Verhaltens führen, jedoch kann man einen solchen Trainingsfehler normalerweise schnell wieder ausbügeln, indem man vorübergehend wieder auf Immerverstärkung geht und dann das Ausschleichen der Belohnungen von neuem, aber langsamer in Angriff nimmt.

„Richtig" und „Falsch"

Verwendet man keine Korrekturen in Form von negativer Verstärkung oder Zwang, sondern ausschließlich positive Verstärkung, ist es in den Anfangsphasen des Trainings nützlich, den Hund darüber zu informieren, ob sein Verhalten gerade nicht belohnt wird, weil er es falsch gemacht hat oder weil es einfach nur aufgrund des gültigen Verstärkungsschemas nicht vorgesehen war. Dazu sind am besten konditionierte positive Verstärker und konditionierte negative Strafen geeignet. Es sind verschiedene Systeme möglich, die der Hundeführer je nach seinen Bedürfnissen wählen kann. Beim einmal gewählten System sollte er dann aber bleiben, um den Hund nicht unnötig zu verwirren. Zwei Beispiele für entsprechende Verständigungssysteme anhand der Reaktion des Hundes auf das Hörzeichen „Sitz":

1. Hund sitzt (= richtige Reaktion) → Click (= positiver konditionierter Verstärker) und echter Verstärker
Hund sitzt (= richtige Reaktion, die aber nicht verstärkt werden soll): nichts
Hund legt sich (= falsche Reaktion): „Schade!" (= negative konditionierte Strafe)
2. Hund sitzt (= richtige Reaktion) → Click (= positiver konditionierter Verstärker) und echter Verstärker
Hund sitzt (= richtige Reaktion, die aber nicht verstärkt werden soll) → „Brav!" (= „Keep-going"-Signal, siehe Kapitel „Know-how für das Training", Seite 121) und kein Verstärker
Hund legt sich (= falsche Reaktion) → „Schade!" (= negative konditionierte Strafe)

Das erste System ist für Prüfungssport besser geeignet, da für den Hund das Ausbleiben einer Reaktion vom Hundeführer zu einem „Keep-going" („Weiter so!")-Signal wird.

Kontrasteffekte, Jackpots und „Starter"

Hat der Hund zuvor immer nur kleine Leckerchen bekommen und geht man plötzlich mitten im Training zu größeren oder schmackhafteren über, steigert das die Motivation beträchtlich. Der Hund wird bei den nächsten paar Wiederholungen der Übung wesentlich eifriger sein und höchstwahrscheinlich eine bessere Leistung zeigen. Der Effekt verliert sich aber recht schnell wieder. Schon nach zwei bis drei Wiederholungen ist er verflogen. Gibt man eine Zeit lang regelmäßig die besseren Belohnungen und geht dann wieder zu den schlechteren, zuvor „normalen" über, muss man natürlich eine vorübergehende starke Verschlechterung der Motivation und damit der Leistung in Kauf nehmen. Die Leistung sinkt dann sogar unter das vorherige Niveau. Uns Menschen ginge es ebenso. Verdient man eine Zeit lang besser als sonst, erscheint einem danach das Gehalt, mit dem man zuvor jahrelang ganz gut ausgekommen ist, plötzlich ziemlich mickerig. Das gesamte Phänomen nennt man „**Kontrasteffekt**".

Den Kontrasteffekt kann man in der Hundeausbildung nutzen, wenn man den Hund für eine bestimmte Aufgabe kurzfristig besonders motivieren will, etwa für eine Übung, die der Hund anfangs nur sehr ungern macht oder bei der er Mühe hat, sie zu begreifen. Man muss sich aber im Klaren sein, dass der Effekt nur für sehr kurze Zeit anhält und dass es Rückschläge geben kann, wenn man – zumindest innerhalb einer Trainingseinheit – die Qualität oder Quantität der Belohnungen beträchtlich herunterfahren muss.

Unter einem „**Jackpot**" versteht man im Hundetraining eine ganz besonders große oder gute Belohnung, die für den Hund völlig überraschend kommt. Man nimmt an, dass man den Lernvorgang durch gelegentliche Jackpots wesentlich beschleunigen kann und die Motivation des Tieres insgesamt auf eine höhere Stufe gehoben wird. Es gibt allerdings nur wenige Untersuchungen, die diese Ansicht stützen. Möglicherweise handelt es sich also bei der tatsächlich zu beobachtenden Begeisterung, die ein Jackpot beim Hund auslöst, vor allem um einen vorübergehenden positiven Kontrasteffekt, der zwar keine besondere Auswirkung auf das Lerntempo hat, aber bewirkt, dass der Hundeführer sich belohnt fühlt.

Auf der anderen Seite stehen viele Beispiele aus der Praxis, die darauf hinweisen, dass ein Jackpot tatsächlich bleibende Auswirkungen haben kann, besonders wenn man ihn dann gibt, wenn der Hund seine Leistung sprunghaft verbessert hat (z.B. eine schwierige neue Aufgabe zum ersten Mal richtig gelöst hat), und mit dem Jackpot die Trainingseinheit beendet. Man vermeidet so den negativen Kontrasteffekt, der eintreten würde, wenn man nach dem Jackpot wieder zur normalen Belohnung übergehen müsste.

Es spricht auch einiges dafür, dass der zuletzt erlebte Eindruck dem Tier am stärksten im Gedächtnis haften bleibt (weswegen man ja eine Trainingseinheit auch immer mit einer geglückten Übung abschließen soll). Vielleicht bewirkt der Jackpot auch einfach eine Erhöhung des Glücksspieleffekts, ebenso wie für uns Menschen eine Lotterie attraktiver wird, wenn zwar extrem seltene, aber überwältigend große Hauptgewinne winken.

Ein weiteres Mittel zur kurzfristigen Motivationssteigerung ist der so genannte „**Starter**". Dabei handelt es sich um eine Probe der Belohnung, die man dem Hund zu Beginn des Trainings oder vor einer einzelnen Übung zeigt oder gibt, ohne dass er dafür etwas leisten musste. Dies dient dazu, ihm sozusagen Appetit auf die Belohnung zu machen in der Hoffnung, dass er sich besonders anstrengt, um sie zu bekommen. Starter werden vielfach direkt vor einer Prüfung eingesetzt, z.B. indem der Hundeführer mit dem Hund spielt, kurz bevor er in den Agilityparcours geht, oder ihm ein letztes Leckerchen gibt, ehe er die Prüfungswiese betritt. Starter können ebenfalls dabei helfen, den Hund für eine besonders schwierige oder ihm unangenehme Aufgabe zu motivieren. Wich-

Gemeinsames Spiel fördert die Bindung und kann gut zur positiven Verstärkung genutzt werden.

Auch Futter ist ein guter positiver Verstärker, besonders für Präzisionsarbeit (z.B. gerades und dichtes Vorsitzen).

Klar und deutlich gegebene Signale (hier ein Handzeichen für „Sitz") helfen, Überschattungen mit anderen Elementen der Körpersprache zu vermeiden.

Apportieren unter prüfungsmäßiger Signalkontrolle: der Hund läuft nicht bereits beim Werfen los, sondern wartet auf das Hörzeichen „Bring's".

Ein zu einer unauffälligen Handbewegung (Kippen des Handballens nach unten) reduziertes Sichtzeichen für „Platz".

tig ist der Unterschied zwischen Starter und Lockmittel: mit einem Lockmittel versucht man, ihn durch die verlangte Aufgabe zu führen (siehe Kapitel „Know-how für das Training", Seite 127). Der Starter wird hingegen kurz gegeben oder gezeigt und verschwindet noch vor der eigentlichen Übung wieder außer Sicht.

Weitere Faktoren, die die Motivation beeinflussen

Legt man großen Wert darauf, dass der Hund seine Aufgaben besonders eifrig und schnell ausführt (etwa im Hundesport), sollte man auch beim Training stets für hohe Motivation sorgen. Die beim Training z. B. durch eine gewisse Deprivation und besonders attraktive Belohnungen erzeugte höhere Intensität und Geschwindigkeit der Ausführung bleiben nämlich weitgehend auch später erhalten, nachdem die Belohnungen reduziert und die Rahmenbedingungen geändert wurden.

Die hohe Motivation kann außerdem über **klassische Konditionierung** mit einem besonderen Signal oder Ritual verknüpft werden, das immer den „Arbeitsbeginn" anzeigt und mit dem man den Hund dann später sozusagen „einschalten", ihn also in eine besonders aufnahmefähige und hoch motivierte Stimmung versetzen kann. Man kann allerdings auch zu viel des Guten tun – auch **Übermotivation** behindert den Lernprozess. Wenn der Hund insgesamt allzu erregt und allzu gierig auf die Belohnungen ist, gerät er in Stress, wenn er sie nicht sofort bekommt, und kann sich auch kaum noch auf die anstehende Aufgabe konzentrieren.

Da man eine hohe Motivation gewöhnlich nicht lange aufrechterhalten kann, sollten die Trainingseinheiten auch nicht zu lang sein. Wie lang die Übungseinheit sein darf und wie viele Wiederholungen einer bestimmten Übung man einem Hund zumuten kann, ehe es zu einem Nachlassen der Motivation und zu einer Verschlechterung der Leistung kommt, hängt u. a. vom Hund und der Art der Übung ab. Manche Hunde profitieren von häufigen Wiederholungen derselben Übung, andere scheinen sich bald zu langweilen oder sind evtl. auch eher gestresst oder ermüdet als andere

Hunde und lassen daher schnell nach, wenn man zu oft dasselbe wiederholt. Erfahrungsgemäß gibt es auch bestimmte Übungen, bei denen die Leistung der meisten Hunde rapide nachlässt, wenn man die Übung öfter als drei- oder viermal am Stück wiederholt (z.b. Geruchsidentifikation).

In der Regel ist die Motivierbarkeit des Hundes bis zu einem gewissen Grad trainierbar und steigt im Verlauf des Trainings, vorausgesetzt man überfordert ihn nicht immer wieder.

Tödlich für die Motivation ist ein Unterricht, der immer nach dem gleichen Schema abläuft und keinerlei Überraschungen mehr bietet. **Abwechslung** ist beim Hundetraining daher sehr wichtig. Diese kann darin bestehen, dass man die Übungen immer wieder in anderer Reihenfolge durchnimmt, nicht zu viele Wiederholungen ein- und derselben Übung nacheinander durchführt, zahllose Varianten einer Übung erfindet, immer wieder neue Übungen einführt, an verschiedenen Orten und in verschiedenen Situationen übt, den Schwierigkeitsgrad variiert, verschiedene Signale verwendet (z.b. mal Hörzeichen, mal Sichtzeichen) und abwechslungsreich belohnt. Letzteres geschieht sowohl durch ein angemessenes Verstärkungsprogramm als auch durch die Art der Belohnungen. Der Hundeführer kann z.b. zwischen Spiel, Futter und anderen Motivationsmitteln abwechseln oder verschiedene Sorten Leckerchen bzw. verschiedene Spiele oder Spielzeuge verwenden.

Fesselnde Beschäftigungen haben die Eigenschaft, nicht zu schwer, aber auch nicht zu leicht zu sein. Bei der Ausbildung ist also ein passendes **Anspruchsniveau** gefragt. Würde man jedes Mal ganz leicht gewinnen, würde z.b. ein Spiel sehr schnell an Reiz verlieren und langweilig werden. Und ist es allzu schwer, gibt man nach einer Weile frustriert auf. Eine unlösbar scheinende Aufgabe ist sehr demotivierend. Das Aufteilen einer Aufgabe in viele kleine Teilschritte (das so genannte „Formen", siehe Seite 123), ist geeignet, dem Hund oft das Gefühl zu vermitteln, Erfolg zu haben, und wirkt sich deshalb günstig auf die Motivation aus. Besonders wichtig ist immer auch der erste Eindruck: ein schneller Anfangserfolg sorgt dafür, dass man besser bei der Stange bleibt, wenn es später zu Schwierigkeiten kommt. Hunde werden meist eher überfordert. Der Mensch am anderen Ende der Leine erwartet allzu große Lernfortschritte, wird daher schnell ungeduldig, wenn seine Erwartungen enttäuscht werden, oder geizt zu früh mit Belohnungen. Für den Hund bedeutet dies einen Misserfolg, und der drückt die Motivation. Schließlich ist **Erfolg** immer noch der beste Motivator. Daher wirken auch **Rückmeldungen über den Erfolg** der eigenen Bemühungen motivierend. Solche Rückmeldungen können in Form von Belohnungen oder konditionierten Verstärkern gegeben werden. Unter bestimmten Umständen kann sogar die Information, dass man etwas falsch macht, die Motivation steigern. Vergleichen kann man dies mit den Wegmarkierungen an einem Wanderweg. Wenn man lange keine mehr gesehen hat, wird man unsicher und geht nur noch zögernd weiter. Findet man dann wieder eine Markierung, die zeigt, dass man auf dem richtigen Weg ist, beflügelt das natürlich den Schritt. Die Information, dass man falsch abgebogen ist, ist zwar weniger angenehm, aber immer noch besser, als gar nicht zu wissen, woran man ist. Sie erlaubt, das eigene Verhalten zu ändern und wieder erfolgreich zu sein, und steigert daher ebenfalls die Motivation. In der Hundeausbildung kann zu diesem Zweck eine konditionierte negative Strafe verwendet werden (siehe „Richtig" und „Falsch", Seite 60). Sie sagt dem Hund, dass das, was er gerade tut, ihm keine Belohnung einbringen wird. (Näheres zum Gebrauch von konditionierten positiven Verstärkern oder Strafen im Kapitel „Know-how für das Training", Seite 117.)

Missbrauch von Belohnungen

Ebenso wie mit Strafen kann man auch mit Belohnungen Schindluder treiben. Die Auswirkungen sind allerdings weniger für den Hund als vielmehr für den Hundehalter ein Problem. Versuche haben ergeben, dass es Tieren deutlich schwerer fällt, durch positive Verstärkung operant zu lernen, wenn sie vorher längere Zeit für nichts, also völlig unabhängig von ihrem Verhalten, belohnt worden sind. Gibt man nach so einer Phase der „Verwöhnung" Belohnungen kontingent, also nur für ein bestimmtes Verhalten, dauert es deutlich länger, bis dieses gelernt wird. Es handelt sich im Grunde um eine Art der erlernten Hilflosigkeit, wie man sie auch durch inkontingente Strafen erzeugen kann: das Tier kommt zu der Überzeugung, dass das, was es tut, keine Auswirkungen hat, und wird daher insgesamt passiv.

Faktoren, die die Motivation beeinflussen

Was einen Hund motiviert	Was einen Hund demotiviert
► Alles, was ihn auch ablenkt.	► Angst.
► Futter.	► Stress.
► Spiel.	► Alles, was er satt hat, weil er gerade mehr als genug davon gehabt hat (mehr als genug davon tun konnte).
► Streicheleinheiten und Zuwendung.	
► Sozialkontakt, gemeinsames Tun.	
► Ein stark instinktiv verankertes Verhalten ausführen zu können.	
► Ein gut gekonntes und schon häufig belohntes Verhalten ausführen zu können.	► Fortgesetzt ignoriert zu werden.
► Alles, wonach es den Hund im Moment verlangt, weil er es schon eine Weile nicht mehr tun oder haben konnte.	► Eine unlösbar erscheinende Aufgabe.
► Erfolg.	► Misserfolg.
► Rückmeldung über Erfolg (oder Misserfolg) der eigenen Bemühungen.	► Mangelnde Rückmeldung über Erfolg oder Misserfolg der eigenen Bemühungen.
► Erinnerungen an frühere Erfolge.	► Erinnerung an frühere fortgesetzte Misserfolge.
► Das Gefühl, die Situation unter Kontrolle zu haben.	► Das Gefühl, der Situation ausgeliefert zu sein.
► Ein Element der (angenehmen) Überraschung und Abwechslung.	► Langeweile durch allzu große Vorhersehbarkeit.
► Ein angemessenes Anspruchsniveau.	► Überforderung.

Bestrafung und negative Verstärkung

Für positive Bestrafung und negative Verstärkung werden vielfach dieselben aversiven (= unangenehmen, abstoßenden) Reize, wie z.b. Leinenruck oder -zug, verwendet. In der Praxis ist es nicht immer leicht, positive Bestrafung und negative Verstärkung voneinander zu unterscheiden. Oft gehen sie auch tatsächlich ineinander über. Beispiel: der Hund steht aus dem „Platz-Bleib" auf. Der Hundeführer zieht ihn an der Leine nach unten, bis er wieder liegt, und lässt dann die Leine wieder locker. Dies ist vor allem ein negativer Verstärker, durch den der Hund lernt, dass er sich legen muss, wenn die Leine nach unten gezogen wird. Er lernt davon an sich aber nicht, dass er nicht aus dem „Platz" aufstehen darf. Falls der Leinenzug jedoch unmittelbar nach dem Versuch des Hundes, sich zu erheben, erfolgt, kann er zusätzlich als Strafe fürs Aufstehen aufgefasst werden und sollte dann auch dazu führen, dass in Zukunft das Aufstehen aus dem „Platz" gehemmt ist, also seltener auftritt. In dem genannten Beispiel ist die typische Vermischung von positiver Bestrafung und negativer Verstärkung kein Problem. Man muss jedoch stets im Auge behalten, dass es bei negativer Verstärkung unumgänglich ist, zuerst eine unangenehme Einwirkung zu setzen, damit man diese dann wieder entfernen kann. Der Beginn der negativen Einwirkung ist daher leider immer gleichzeitig eine Strafe für das Verhalten, das der Hund gerade in dem Moment zeigt, in dem die Einwirkung beginnt. Z.B. bestraft ein Leinenzug nach oben, der den Hund durch negative Verstärkung zum zügigen Sitzen an der Seite des Hundeführers bewegen soll, gleichzeitig das Bei-Fuß-Gehen in dieser Situation, was tatsächlich oft dazu führt, dass ein so ausgebildeter Hund versucht, seitlich vom Hundeführer abzuweichen, sobald dieser sich zum Anhalten anschickt.

Trotz der Schwierigkeiten beim Auseinanderhalten der beiden

Lerntechniken und obwohl sie zum Teil mit ähnlichen unerwünschten „Nebenwirkungen" behaftet sind, die auf den Einsatz der aversiven Reize zurückgehen, handelt es sich doch bei positiver Bestrafung und negativer Verstärkung um verschiedene Vorgänge, die im Folgenden getrennt behandelt werden.

Positive Bestrafung

Wirkungsgrad und Anwendungsbereich

Obwohl viele Menschen im Zusammenhang mit Hundeerziehung und -ausbildung immer noch zuerst an Strafe denken, ist positive Bestrafung alles andere als ein Universalmittel zur Verhaltensänderung, sondern im Gegenteil eine sehr heikle und nur eingeschränkt nutzbare Lerntechnik. Zum einen liegt das daran, dass Bestrafung im Gegensatz zu positiver und negativer Verstärkung nur wenig Information transportiert. Durch Strafe wird dem Verhaltensrepertoire nichts Neues hinzugefügt, sondern bestenfalls etwas daraus entfernt. Der Hund lernt also nicht, etwas Bestimmtes zu tun, sondern höchstens, etwas zu lassen. Es entsteht dann ein „Vakuum", das der Hund unter Umständen statt mit dem bestraften Verhalten mit einem anderen, ebenso unerwünschten Verhalten füllt.

Bestrafung ändert auch in der Regel nicht die zugrunde liegende Motivation, sondern sie unterdrückt das Verhalten nur vorübergehend. Wird nicht mehr gestraft, kehrt das Verhalten oftmals zurück. Das gilt vor allem dann, wenn es sich um ein Verhalten handelt, das angeborenermaßen primär motiviert ist und somit zu den Grundbedürfnissen des Hundes zählt (z.B. kauen in der Zeit des Zahnens). Bekommt der Hund kein anderes Ventil für das, was er als Hund nun einmal tun muss, angeboten, wird auch Strafe letztlich nicht viel nützen, ganz abgesehen von den ethischen Problemen, die ihre Anwendung in so einem Fall aufwirft.

Auch wenn das bestrafte Verhalten früher schon – womöglich sogar nach dem Zufallsprinzip – belohnt worden ist, lässt es sich durch Strafe meist nur vorübergehend unterdrücken und neigt sehr hartnäckig dazu, wieder aufzutauchen. Unglücklicherweise trifft das ausgerechnet auf viele vom Menschen unerwünschte Verhaltensweisen des Hundes, wie betteln, anspringen oder an der Leine ziehen, zu. Schließlich ist der Drang des Tieres, das vorübergehend durch die Bestrafung gehemmte Verhalten auszuführen, nach der Phase der Hemmung durch Deprivation umso größer geworden, sodass es nun noch schwerer fällt, es erneut zu unterdrücken. Diesen Mechanismus kann man z.b. beobachten, wenn ein Hund beim Agility aus Übereifer zu Frühstarts neigt und der Hundeführer darauf nur mit Strenge reagiert. Nach einigen solchen Korrekturen ist der Hund so unter Spannung, dass ihm nun noch leichter Fehlstarts unterlaufen.

Dass Hunde außerdem Meister darin sind, Strafen zu umgehen, ist keine Boshaftigkeit, sondern ganz normales Verhalten aller Lebewesen. Zwar ist es wesentlich für das Überleben, sich schlechte Erfahrungen zu merken und schnell und nachhaltig daraus zu lernen. Das ist der Grund, warum Strafen im Einzelfall sehr durchschlagend und anhaltend wirken können. Es ist aber auch natürlich, bei Widrigkeiten zunächst einmal nicht sofort aufzugeben, sondern ein gewisses vertretbares Risiko einzugehen, um dennoch an das Gewünschte zu kommen. Solche Versuche, Strafen nicht zu akzeptieren, sondern irgendwie trotzdem das zu tun, was man will, nennt man **Gegenkontrolle**. Gerade Hunde können auf diesem Gebiet sehr erfinderisch und beharrlich sein und lernen schnell, wann sie mit einer Strafe rechnen müssen und wann nicht und wie sie ihr entgehen können, z.b. indem sie vor dem erbosten Menschen fliehen oder seinen Versuchen, sie zu bestrafen, mit Gegenaggression zuvorkommen. Leider werden Verhaltensweisen, mit denen der Hund versucht, Gegenkontrolle zu erlangen, durch negative Verstärkung stets auch noch belohnt, sogar wenn sie keinen Wegfall, sondern nur einen Aufschub der Strafe bewirkt haben.

Positive Bestrafung ist also, wie wir gesehen haben, kein besonders gutes Mittel, das Interesse eines Hundes an einer bestimmten Sache erlöschen zu lassen. Dazu sind Extinktion oder negative Bestrafung weit besser geeignet, wenn es damit auch länger dauert.

Manche Forscher haben deshalb bezweifelt, ob positive Strafe überhaupt einen echten Lerneffekt hat. Es könnte ja auch sein, dass der Hund durch Strafe nicht wirklich etwas lernt, sondern durch die aversiven (abstoßenden, unangenehmen) Reize, die als Strafe verwendet werden, einfach nur sein gesamtes Verhalten gedämpft wird. Nach einem Strafreiz, jedenfalls wenn dieser stark genug war, ist der Hund nämlich eingeschüchtert, was zu einer vorübergehenden Verringerung der gesamten Aktivität führt. Davon ist dann automatisch auch das bestrafte Verhalten betroffen, was einen gezielten Effekt der Strafe nur vortäuschen würde. Es konnte jedoch durch Experimente bewiesen werden, dass positive Bestrafung tatsächlich die Ausführung eines bestimmten Verhaltens hemmen kann. Strafreize, die ganz willkürlich, ohne Zusammenhang mit dem Verhalten des Hundes gegeben wurden, hatten nämlich weniger Wirkung auf das „strafbare" Verhalten des Hundes als solche, die nach den Regeln der operanten Konditionierung jedes Mal sofort nach dem Verhalten erfolgten.

Risiken und Nebenwirkungen

Strafe kann also erwiesenermaßen gezielt ein bestimmtes Verhalten hemmen und wirkt auch viel schneller als Extinktion – allerdings nur, wenn bei ihrem Einsatz bestimmte Regeln eingehalten werden (siehe folgender Abschnitt), was außerhalb des Labors erfahrungsgemäß sehr schwierig, ja, manchmal geradezu unmöglich ist. Werden die Regeln aber nicht genau eingehalten, drohen neben Misserfolg große Komplikationen. Die Strafe schadet dann mehr, als sie nutzt, und das Ganze kann sogar in eine, wenn auch unabsichtliche, schwere Misshandlung des Hundes ausarten (siehe „Missbrauch von Strafe", Seite 82). Demgegenüber hat es keine schlimmen Auswirkungen, wenn man beim Umgang mit positiver Verstärkung kleine Fehler macht. Positive Verstärkung ist im Gegensatz zu Bestrafung und negativer Verstärkung sehr fehlertolerant. Das macht sie insbesondere für Anfänger besser geeignet als Methoden, die starke aversive Reize verwenden. Letztere sind eigentlich nur etwas für Könner.

Doch sogar wenn man sie richtig anwendet, hat positive Bestrafung einige gravierende Nachteile. Einer davon ist die Tatsache, dass die als Strafe verwendeten aversiven Reize beim Hund normalerweise Unterwerfung, Angriff oder Flucht bzw. Meideverhalten auslösen. Dass z.B. Schmerz und Frustration häufig Aggressionen hervorrufen, ist aus frühen Lernversuchen bekannt. Es muss daher scheitern oder geht zumindest auf Biegen und Brechen, den Hund für ängstliches, erregtes oder aggressives Verhalten zu bestrafen. Strafe führt hier nur allzu leicht zur Eskalation. So beginnt ein Teufelskreis aus Strafe, Reaktion des Hundes darauf, härterer Strafe, stärkerer Reaktion des Hundes usw. – eine furchtbare Zerreißprobe, an der viele Hunde seelischen und nicht selten sogar körperlichen Schaden nehmen. Je nach Härte der verwendeten aversiven Reize und Sensibilität des Hundes löst die Strafe außerdem eine mehr oder weniger starke Stressreaktion aus, die das Lernen erschwert oder im Extremfall sogar unmöglich macht.

Und die aversiven Reize verursachen noch ein weiteres Problem. Sie werden vom Hund nämlich meistens nicht nur operant mit seinem eigenen Tun, sondern auch klassisch mit weiteren Aspekten der Situation verknüpft, in der er bestraft wurde, z.B. mit dem Ort, der strafenden Person, der berüchtigten zusammengerollten Zeitung oder der Armbewegung, die dem Klapps oder Leinenruck vorausgeht. Dies führt dazu, dass der Hund nach den Gesetzen der klassischen Konditionierung auf all diese Dinge bald ebenso reagiert wie auf die aversiven Reize selbst: mit Fluchttendenzen und womöglich sogar mit Aggression. Kurz gesagt: Strafe kann beim Bestraften gegenüber dem Strafenden leicht zu negativen Emotionen wie z.B. Angst oder Groll führen und in deren Folge natürlich auch zu Problemverhalten wie Bissigkeit, übertriebener Unterwürfigkeit oder Meideverhalten.

Es stellt sich deshalb in jedem einzelnen Fall die Frage, ob positive Bestrafung überhaupt Erfolg versprechend ist und ob ihre Risiken und „Nebenwirkungen" nicht den Nutzen überwiegen, den man evtl. von ihr hat. Ganz wesentlich für die Beantwortung dieser Frage ist es, ob man sich überhaupt in der Lage sieht, die im folgenden

Abschnitt aufgeführten Regeln einzuhalten, denn wenn dies nicht möglich ist, werden die Strafmaßnahmen sowieso nichts Positives bewirken. Zusätzlich ist es immer auch eine Gewissensfrage, ob man seinem Hund in einem bestimmten Fall eine Strafe überhaupt zumuten will und muss oder ob es nicht auch anders geht. Schließlich sollte man keinen Vorschlaghammer benutzen, um eine Fliege aus dem Gesicht eines Freundes zu verscheuchen ...

Richtige Anwendung

Wie bei allen operanten Lernvorgängen ist bei der Anwendung von Strafe das richtige **Timing (Kontiguität)** kritisch. Die Strafe muss der Tat unmittelbar folgen, ja diese, wenn irgend möglich, sogar abbrechen, ehe der Hund sein Vorhaben überhaupt ausführen konnte. Andernfalls ist nämlich meist schon ein Belohnungseffekt eingetreten, gegen den mit Strafe schwer anzukommen ist, wie wir im vorigen Abschnitt gesehen haben. Wenn der Hund z.b. eine Wurst vom Tisch klaut, ist der optimale Zeitpunkt zum Eingreifen, wenn er auf den Hinterbeinen steht, aber die Wurst noch nicht erreicht hat. Straft man erst, wenn er sie schon ergriffen hat, ist der Effekt bereits teilweise zunichte gemacht, denn der Hund konnte einen kurzen Moment das Gefühl genießen, Erfolg gehabt zu haben. Er hat sich selbst sozusagen bewiesen, dass Wurst stehlen funktioniert, und wird es daher wieder versuchen.

Außerdem besteht natürlich die Gefahr der Fehlverknüpfung, wenn die Strafe auch nur um wenige Sekunden zu spät kommt und der Hund inzwischen ein anderes als das zu strafende Verhalten begonnen, etwa sich von der strafbaren Handlung ab- und dem ins Zimmer tretenden Menschen zugewandt hat. Es konnte bewiesen werden, dass sogar unter Laborbedingungen, wo keinerlei Ablenkung besteht und das Tier im Käfig überhaupt nur sehr wenige Handlungsmöglichkeiten hat, schon bei einer Zeitverzögerung von 30 Sekunden die Strafe keinen besseren Effekt mehr hat, als wenn die Strafreize völlig willkürlich ohne jeden Zusammenhang mit dem Verhalten des Tieres gegeben werden.

In der Praxis gilt daher, dass bei Hunden alles verjährt ist, was länger als ein oder zwei Sekunden zurückliegt. Alles andere muss de facto als eine Misshandlung des Hundes angesehen werden, die keinen erzieherischen Nutzen hat.

Eine Möglichkeit, mit dem Timing-Problem umzugehen, ist die Verwendung einer **konditionierten positiven Strafe**. Wenn man schon selbst nicht im richtigen Moment zur Stelle sein kann, kann man dem Hund doch ein zuvor mit einem aversiven Reiz klassisch verknüpftes – meist akustisches – Signal entgegenschleudern, z.B. das Wort „Nein!" oder das Rasseln einer Wurfkette. Das Signal löst ähnliche Gefühle in ihm aus wie die tatsächliche Bestrafung und kann diese ggf. voll ersetzen. Ein solches Signal hat auch den Vorteil, dass es gleichzeitig als letzte Warnung dienen und dem Hund so normalerweise die tatsächliche Strafe ersparen kann: wenn er auf das Signal hin sein momentanes Verhalten abbricht, bleibt die mit dem Signal eigentlich angekündigte Strafe aus. Der Hund kann sie durch eigenes Tun „abstellen", was einem Lernprozess nach dem Prinzip der negativen Verstärkung entspricht. Das Ausbleiben des aversiven Reizes ist dabei für den Hund eine Belohnung, die vermutlich ganz entscheidend dazu beiträgt, dass Strafe, wenn sie denn korrekt angewandt wird, einen so lang anhaltenden Effekt hat.

Ein weiterer wichtiger Faktor ist die **Stärke des Strafreizes**. Im Prinzip gilt, dass das bestrafte Verhalten bis zu einem gewissen Grad umso wirksamer und andauernder unterdrückt wird, je härter die Strafe ausfällt. Die Obergrenze ist da erreicht, wo die Strafe ethisch nicht mehr vertretbar ist oder mehr schädliche Nebenwirkungen hat, als sie Nutzen bringt. Hundehalter neigen aber meistens dazu, zuerst mit einer schwachen Strafe zu beginnen, die das Verhalten nur sehr kurzfristig unterdrückt. Der Hund zeigt dann bald wieder dasselbe Fehlverhalten, der Hundehalter straft etwas härter als zuvor und setzt damit einen Prozess der Gewöhnung in Gang, der dazu führt, dass später auch härteste Strafen kaum noch Wirkung zeigen.

Aus diesem Grund funktioniert es z.B. nur sehr schlecht, einem Hund das Leineziehen per Leinenruck abzugewöhnen: erstens macht der Hundehalter normalerweise den Fehler, mit einem leich-

ten Zupfen oder Zurückziehen zu beginnen und die Härte der
Rucke oder die Schärfe des Halsbandes dann nach und nach zu
erhöhen. Zweitens ist das Ziehen schon monatelang durch Erfolg
belohnt worden, was eine positive Bestrafung von vornherein weniger wirksam macht. Will man schon diese Methode benutzen, statt
das wesentlich besser geeignete Löschen in Verbindung mit dem
Einüben von Ersatzverhalten (siehe Kapitel „Know-how für das Training", Seite 145, 153), wäre es umgekehrt richtig: anfangs einige
wenige wirklich massive Einwirkungen verwenden, dann reichen
später – falls zur Auffrischung nötig – wesentlich schwächere Leinenrucke aus.

Entscheidend für den Erfolg einer positiven Bestrafung ist jedenfalls, dass der Strafreiz zumindest so stark ist, dass der Hund das
bestrafte Verhalten umgehend abbricht. Was dafür nötig ist, ist
natürlich individuell sehr verschieden. Reicht bei dem einen Hund
schon ein böser Blick, verfehlt bei einem anderen sogar das Werfen
einer Klapperdose jegliche Wirkung. Für viele Hunde ist ein Was-
serstrahl eine sehr wirksame Bestrafung, andere freuen sich über
die kleine „Erfrischung". Neben der Individualität und einem evtl.
leider schon eingetretenen Gewöhnungseffekt spielt vor allem die
Motivation für das zu bestrafende Verhalten eine Rolle. Wer z.B.
erlebt hat, wie intensiv und hocherregt mancher Hund auf Jagdbeute reagiert oder wie ein aggressiver Hund in bestimmten Situationen regelrecht „ausrastet", kann sich ausmalen, wie extrem eine
Strafe sein müsste, die geeignet wäre, so ein Verhalten augenblick-
lich zu beenden. Man kommt da sehr schnell in Bereiche, in denen
eine Strafe aus Tierschutzgründen nicht mehr vertretbar ist.

Will man überhaupt den Versuch machen, ein derart hochmotivier-
tes und mit großer Erregung verbundenes Verhalten durch positive
Bestrafung abzustellen, sollte man auf alle Fälle schon den Beginn
einer Verhaltenskette bestrafen und nicht erst das mitten im Ablauf
befindliche Verhalten. Dieses ist nämlich wesentlich schwerer zu
beeinflussen als das dazugehörige Intentionsverhalten. Darunter
versteht man Verhaltensweisen, mit denen der Hund anzeigt, was
er gerade vorhat, z.B. das Aufmerken beim Anblick von Wild oder

das Anstarren und leise Knurren gegenüber einem Rivalen, ehe der Angriff auf ihn erfolgt. In diesem Stadium kann eine Strafe noch mehr bewirken und muss auch nicht so hart ausfallen, um das Verhalten abzubrechen. Das erfolgreiche Unterdrücken von Intentionsverhalten führt allerdings manchmal dazu, dass der Hund das eigentliche Problemverhalten weiterhin zeigt, nun aber ohne „Vorwarnung": er hetzt dann los ohne „vorzustehen" bzw. greift ohne Drohgebärden direkt an.

Zu der Regel „eher zu hart als zu weich strafen" gehört noch der Zusatz: **möglichst selten strafen**. Auch dies ist ein Gebot des Tierschutzes, gerade wenn man es richtig macht und eine harte Strafe wählt. Vor allem ist es aber wichtig, damit keine Gewöhnung gegenüber dem Strafreiz eintritt. Wenn alle Rahmenbedingungen stimmen, müssten sowieso einige wenige Strafen ausreichen, um das Verhalten wirksam zu unterdrücken, andernfalls ist das ein Zeichen dafür, dass etwas schief gelaufen ist. Erreichen kann man das Ziel „selten" in der Praxis z.b. dadurch, dass man möglichst nur ein Verhalten zur Zeit mit positiver Bestrafung „bearbeitet". Eine andere Möglichkeit besteht darin, das Verhalten des Hundes in der Zeit des Umlernens so zu kontrollieren, dass er nur wenige Gelegenheiten hat, das zu bestrafende Verhalten überhaupt auszuführen. Einen Hund, dem man z.b. das Zaunspringen per positiver Strafe abtrainieren will, lässt man besser zwischen den Trainingseinheiten gar nicht ohne Leine in den Garten.

Die genaue Kontrolle der Situation ist sowieso unabdingbar, weil positive Strafe nur dann richtig wirken kann, wenn es gelingt, ausnahmslos jeden Versuch des Hundes, das unerwünschte Verhalten zu zeigen, sofort durch Strafe zu unterbinden (**Kontingenz**). Er darf mit eventuellen Versuchen, Gegenkontrolle auszuüben (indem er z.b. vor dem zornigen Hundeführer wegläuft oder nach ihm schnappt), keinen Erfolg haben. Wenn der Hund das Verhalten auch nur einige wenige Male relativ ungestraft ausführen kann, überwiegt nämlich bei primär motivierten Verhaltensweisen wieder der Belohnungseffekt und macht die Wirkung der Bestrafung zunichte. Außerdem hat der Hund dann Gelegenheit zu lernen, wann mit einer Strafe zu rechnen ist und wann nicht. Bestimmte Merkmale der Situation werden für ihn zu Signalen, an denen er sein persönliches Risiko abschätzen kann. Typischerweise ist solch ein Signal die Anwesenheit des Menschen: ist er im Raum, bedeutet dies, dass aufs Bett springen oder Teppich anfressen bestraft wird. Die Abwesenheit des Menschen ist dagegen ein Sicherheitssignal, das dem Hund sagt, dass er sich nun in Ruhe diesen beliebten Tätigkeiten widmen kann. Andere Unterscheidungsmerkmale für den Hund sind z.b. die lange Leine, ein bestimmtes Trainingshalsband, der Abstand zum Hundeführer usw. Strafe ist im Gegensatz zu positiver Verstärkung also nur dann wirklich effizient, wenn sie stets auf 1:1-Rate erfolgt, also auf Dauer jedes einzelne Fehlverhalten bestraft wird. Im Alltag ist genau dies der Punkt, der neben dem Timing die meisten Schwierigkeiten bereitet und den Einsatz von positiver Strafe oft fragwürdig macht. Denn nur wenige Hundehalter sind willens oder in der Lage, ihren noch nicht ausreichend erzogenen Hund wirklich lückenlos zu beaufsichtigen und die Lernsituationen immer entsprechend zu kontrollieren.

Ein weiterer kritischer Punkt bei der positiven Bestrafung ist die Frage, wie man erreichen kann, dass der Hund den Strafreiz auch wirklich wie gewünscht verknüpft, und zwar operant mit seinem eigenen Verhalten – nicht klassisch mit einem beliebigen in der Strafsituation vorhandenen Reiz. Mindestvoraussetzung ist ausreichende Kontiguität (richtiges Timing) und Kontingenz (ausnahmslos jedes Mal). Weiterhin hilft die Verwendung von konditionierten positiven Strafen und Sicherheitssignalen, Klarheit zu schaffen. Aber selbst wenn dies alles gegeben ist, besteht noch ein erhebliches **Risiko von Fehlverknüpfungen**, meist entweder mit dem Ort des Geschehens oder mit der strafenden Person oder anderen anwesenden Personen. Z.B. bestraft der Hundehalter seinen Welpen, wenn dieser vor seinen Augen auf den Teppich pinkelt, und hält es für sonnenklar, dass der Hund versteht, dass der falsch gewählte Ort Grund für die Strafe ist. Der Welpe „glaubt" aber vielleicht, dass es gefährlich ist, sich in der Nähe der strafenden Person zu erleichtern.

Etwas bessere Chancen darauf, dass die gewünschte Verknüpfung entsteht und dass wenigstens Fehlverknüpfungen mit der strafenden Person vermieden werden, bestehen bei der Anwendung so genannter **anonymer Strafen**, wie z.b. Mausefallen auf dem Sofa, Tabascosoße an der Teppichkante oder elektronische Halsbänder, durch die per Fernbedienung Strafreize in Form von Elektroschocks oder Pressluftstößen ausgeteilt werden können. Bei solchen Strafen erscheint der Mensch aus Sicht des Hundes eher unbeteiligt. Um diesen Eindruck aufrechtzuerhalten, verzichtet man dabei ggf. ganz bewusst auf die Verwendung eines vom Menschen ausgehenden Warnsignals. Völlig ausgeschlossen sind Fehlverknüpfungen aber auch bei anonymen Strafen nicht, zumal Hunde sehr komplexe Situationen erfassen können und selbst kleinste Unterschiede jeweils anders verknüpfen.

Nicht wenige Hunde lernen trotz entsprechender Vorsichtsmaßnahmen, erst aufs Sofa zu springen, nachdem sie sich vergewissert haben, dass keine Mausefallen darauf sind, die Teppichkante prüfend zu beschnüffeln, bevor sie hineinbeißen, oder das zu strafende Verhalten nur dann zu zeigen, wenn sie kein elektronisches Erziehungshalsband umhaben bzw. kein Mensch in der Nähe ist. Auch dies sind Formen der Gegenkontrolle. In all diesen Fällen hat der Hund die Strafe nicht mit seinem eigenen Verhalten, sondern mit diskriminativen Reizen (siehe Kapitel „Signalkontrolle", Seite 98) der Situation verknüpft.

Direktes und vor allem körperliches Eingreifen des Menschen ist – ob mit oder ohne Zeitung – auf alle Fälle eine der schlechtesten und riskantesten Arten zu strafen. Klapse, Nackenschütteln, auf den Rücken werfen und dergleichen mehr werden besonders leicht mit der Person verknüpft, die sie austeilt, und führen häufig zu **Gegenaggression des Hundes**. Solche Aggression aus Angst zeigt sich dann oft auch außerhalb der eigentlichen Trainings- oder Erziehungssituation, z.B. auf konditionierte Reize wie die erhobene Hand, den sich nähernden Fuß oder den Griff nach dem Halsband. Die Person, die den Hund ursprünglich bestraft hat, ist dabei nicht einmal unbedingt direkt betroffen. Vor ihr hat der Hund in der

Regel genug Angst, um keine Gegenwehr zu wagen. Andere Personen, die ohne es zu wissen dieselben Gesten verwenden, aber vom Hund als schwächer wahrgenommen werden, sind dann meist die Opfer des so erzeugten Angstbeißers.

Es sollte außerdem möglichst eine Art **Logik** in dem angewandten Strafreiz liegen, wie dies bei natürlichen Strafen ja auch der Fall ist: steckt man als Hund die Nase ins Feuer, tut die Nase weh; beißt man auf einen Marienkäfer, schmeckt der bitter usw. Biologisch „unlogische" Strafen scheinen vom Hund oft nur schwer verknüpft zu werden. Manche Hunde haben z.b. Probleme damit, zu verstehen, dass es ausgerechnet ihr eigenes Bellen ist, das die Zitronenduftwolke aus einem automatisch funktionierenden elektronischen Anti-Bell-Halsband auslöst. Es wäre auch eher widersinnig, einem Hund das Leineziehen dadurch abgewöhnen zu wollen, dass man ihm jedes Mal einen scharfen Klaps aufs Hinterteil versetzt, wenn er zieht, denn eine schmerzhafte Einwirkung von hinten führt natürlicherweise eher dazu, dass der Hund nach vorn geht.

Auf eine Strafe sollte auch **nicht unmittelbar eine positive Verstärkung folgen**. Wenn dies regelmäßig geschieht und die Strafe nicht allzu hart war, kann es nämlich sonst dazu kommen, dass der Strafreiz über klassische Konditionierung mit dem ihm folgenden positiven Verstärker verknüpft wird. Damit wird die Strafe selbst zu einem konditionierten positiven Verstärker! Im Experiment konnte man Hunde sogar dazu bringen, sich über Elektroschocks zu „freuen", indem man mit sehr schwachen Schocks begann und ihnen stets Futter folgen ließ. Im Hundetraining passiert dies umso leichter, da ja normalerweise wesentlich schwächere Strafreize verwendet werden. Ruckt man z.B. an der Leine, weil der Hund zieht, lobt ihn aber unmittelbar danach oder geht sofort weiter (= Belohnung nach dem Premack-Prinzip), nutzt sich der Leinenruck noch schneller als sonst in seiner Wirkung als Strafreiz ab, ja, er kann im Extremfall sogar zu einem positiven Verstärker werden, der den Hund eher ermuntert als hemmt. Insofern ist der gute alte Ratschlag, den Hund nach einer Strafe ein Weilchen zu ignorieren, gar nicht so verkehrt.

Etwas anderes ist es, wenn man mit einem Warnsignal arbeitet und der Hund auf das Signal hin sein eigentliches Vorhaben aufgibt. Gibt man ihm dann ein anderes Signal, z.b. „Komm" oder „Sitz", kann man ihn für dessen korrekte Ausführung belohnen, da die ursprüngliche Verhaltenskette deutlich genug unterbrochen wurde.

Es gibt noch einen letzten, ganz entscheidenden Faktor, den man unbedingt beachten sollte, wenn man bei der Anwendung von positiver Strafe ein gutes und rasches Ergebnis erzielen will. Und zwar ist dies das gleichzeitige **Training eines Ersatzverhaltens** (siehe Seite 153). Dieses dient vor allem dazu, die durch die positive Strafe entstehende „Lücke" zu füllen, damit es nicht so leicht zu Rückfällen kommt. Zusätzliches Belohnen des erwünschten Verhaltens verringert auch die Gefahr von Fehlverknüpfungen mit Ort der Strafe oder Person des Strafenden und vermindert den Stress für den Hund ganz beträchtlich. Das Ersatzverhalten sollte wenn möglich schon vor dem Einsatz der Strafe trainiert worden sein. Der Hund wird dann höchstwahrscheinlich sofort auf das bereits eingeübte Ersatzverhalten zurückgreifen, wenn die Bestrafung das unerwünschte Verhalten hemmt. Dadurch wirkt die Strafe sehr viel schneller als sonst und braucht auch längst nicht so hart auszufallen, um wirksam zu sein. Besonders gut funktioniert das natürlich, wenn das Ersatzverhalten entweder aus demselben Motivationskreis stammt wie das bestrafte Verhalten (also z.b. Beutespiel statt Jogger jagen) oder wenn der Hund als Belohnung dafür zumindest seine momentanen Bedürfnisse befriedigen kann (z.b. Zuwendung bekommen durch „Sitz" machen statt durch anspringen).

Regeln für positive Bestrafung

▸ Nur im richtigen Moment und schon das Intentionsverhalten strafen (Kontiguität).

▸ Möglichst eine konditionierte positive Strafe und ein Sicherheitssignal verwenden.

▸ Besonders anfangs hart (aber individuell angepasst) strafen. Die Strafe muss das Verhalten sofort abbrechen.

- Wenn irgend möglich, schon beim ersten Mal strafen.
- Ausnahmslos jedes Fehlverhalten strafen.
- Selten und abwechslungsreich strafen.
- Anonyme und „logische" Strafen verwenden.
- Gegenkontrolle muss ausgeschlossen werden.
- Der Strafe nicht unmittelbar einen positiven Verstärker folgen lassen.
- Zusätzlich über Verstärkung Ersatzverhalten trainieren.

Missbrauch von Strafe

Wiederholte, grob die oben aufgeführten Regeln verletzende Anwendung von Strafe kann verheerende Auswirkungen haben. Sie führt z.b. zu Spätschäden in Form von Aggression auch auf schwache auslösende Reize hin, Hyperaktivität, Ängstlichkeit, allgemein übererregten Reaktionen sowie „Depression" und starker Zurückgezogenheit des Tieres.

Wissenschaftler haben sich auch dieses Themas angenommen und festgestellt, dass es vor allem folgende Fehler bei der Anwendung von Strafe sind, die zu so schweren Schädigungen der Psyche des Hundes führen: 1. Der Strafreiz ruft anhaltenden und starken emotionalen „Aufruhr" beim Hund hervor, wie dies etwa bei Schmerz, großer Angst oder cholerisch wütendem Verhalten des strafenden Hundebesitzers der Fall ist. 2. Es ist für den Hund unvorhersehbar, wann oder warum der Strafreiz kommt, da dieser nicht kontingent und ohne Vorwarnung gegeben wird. 3. Die Situation ist für den Hund unkontrollierbar. Dies ergibt sich aus Punkt 2, kann aber auch eintreten, wenn der Hund durch die Strafe in eine ausweglose Zwickmühle gerät, etwa wenn er für etwas bestraft wird, das er selbst nicht kontrollieren kann, wie z.b. Urinieren aus Unterwürfigkeit. 4. Die Strafe erfolgt unausweichlich, egal was der Hund tut. Dies ist z.B. gegeben, wenn der Hund weiter bestraft wird, obwohl er das bestrafte Verhalten längst abgebrochen hat und sich bereits extrem unterwürfig zeigt. Und natürlich fallen auch wieder nicht kontingente Strafen in diese Kategorie, also solche, die keinen Zusammenhang mit dem Verhalten des Hundes haben.

Früher war es durchaus üblich, bei der Hundeausbildung alle diese „Fehler" absichtlich zu machen mit dem erklärten Ziel, den Hund zu **brechen"**. Brechen bedeutet, das Tier (oder den Menschen) so oft und hart auch ohne erkennbaren Zusammenhang mit seinem Verhalten zu bestrafen, bis dauerhaft jedes spontane Verhalten ausgemerzt ist. Der Hund ist zur Marionette geworden und zeigt keinerlei Eigeninitiative mehr. Dieser Zustand der „erlernten Hilflosigkeit" ähnelt dem einer Depression beim Menschen und entsteht daraus, dass der Hund wiederholt die Erfahrung gemacht hat, dass nichts, was er tut, eine Wirkung zeigt und er somit keinerlei Kontrolle über seine Situation hat. Das alles hat natürlich nichts mehr mit gezielt zur Verhaltensänderung und nach den Regeln der operanten Konditionierung eingesetzter Bestrafung zu tun. Es handelt sich schlichtweg um Misshandlung.

Obwohl so etwas glücklicherweise heutzutage nicht mehr üblich ist, werden doch die oben genannten Fehler im Umgang mit Strafe leider sehr oft, wenn auch unabsichtlich, gemacht, z.b. schon bei der Sauberkeitserziehung des Welpen. Die für die meisten Hundehalter am schwersten zu akzeptierende Regel ist die der Kontiguität: strafe sofort oder gar nicht. Als Rechtfertigung für eine zu späte Strafe wird immer wieder genannt, dass der Hund doch offensichtlich „ein **schlechtes Gewissen** hat". Kommt der Hundehalter nach Hause und hat der Hund in der Zwischenzeit ein „Delikt" begangen, nähert er sich dem Menschen nur sehr unterwürfig oder verkriecht sich ganz. Folglich – so die Meinung vieler Hundebesitzer – weiß er offensichtlich ganz genau, dass er etwas „Böses" getan hat, und muss dafür bestraft werden.

Diese Schlussfolgerung entsteht jedoch aus einer extremen Vermenschlichung. Der Hund versteht in Wirklichkeit die Zusammenhänge keineswegs, sondern reagiert anfangs nur unterwürfig auf den ihm völlig unverständlichen „Angriff" des nach Hause kommenden Hundehalters. Das muss sich nur wenige Male, im Extremfall nur ein einziges Mal, wiederholen, damit der Hund lernt, dass z.b. der zerstörte Teppich und zusätzlich die Rückkehr des Besitzers eine Reizkombination ist, die mit Sicherheit Strafe ankündigt. In Erwartung dieser Strafe verhält er sich dann unterwürfig, sogar wenn der Hundehalter noch gar nicht gesehen hat, dass der Teppich kaputt ist. Auswirkungen auf das Teppichzerstören hat das grausame Ritual der Strafe im Nachhinein aber nicht.

Nun gibt es Hundehalter, die meinen, sie könnten trotzdem noch Stunden nach dem Verhalten effektiv strafen, falls sie den Hund zum „Beweis" seiner Tat zerren und dort bestrafen. Tatsächlich scheint das sogar manchmal zu funktionieren, wie z.b. bei dem Hund, der im Heizungskeller die Ölleitung durchgebissen hatte und den sein Besitzer daraufhin wutschnaubend in den Keller zerrte und ihn dort verprügelte. Tatsächlich trat die gewünschte Wirkung ein, aber nicht, weil der Hund begriffen hätte, dass die Prügel mit dem Zerbeißen der Leitung zusammenhingen, sondern weil er den Ölgeruch und den Kellerraum durch klassische Konditionierung mit Schmerz und Angst verknüpfte und folglich nie mehr wagte, überhaupt dahin zu gehen.

Auf dieser Basis mögen gelegentlich sogar alte Hausrezepte wie „Verprügele den Hund mit dem Huhn, das er getötet hat" funktionieren. Es ist jedoch ein reines Vabanquespiel, ob so etwas klappt. Meistens verknüpft der Hund den Strafreiz falsch, nämlich mit dem strafenden Menschen, dem Ort, der Heimkehr des Besitzers usw. Dadurch werden Probleme wie Handscheue erst erzeugt, ohne dass das eigentliche Fehlverhalten in irgendeiner Weise beeinflusst wird.

Nachdem man ihnen diese Zusammenhänge erklärt hat, sagen erstaunlicherweise manche Hundebesitzer, dass sie nun zwar verstehen, dass ihre falsche Art zu strafen nichts nützen wird, dass sie die Praxis aber trotzdem beibehalten werden, weil sie so wütend auf den Hund sind und einfach Dampf ablassen müssen. Für eine solche wissentlich und bewusst begangene fortgesetzte Misshandlung des Hundes gibt es wirklich keine Entschuldigung. Es ist eine Bankrotterklärung des Hundehalters und wirft ein sehr schlechtes Licht auf seinen Charakter.

Fazit

Es sei noch erwähnt, dass es auch einige wenige Studien gibt, die eine positive Auswirkung von korrekt angewandter Strafe festgestellt haben. Strafe kann demnach helfen, soziale Grenzen zu setzen und den Sozialstatus des Strafenden zu erhöhen, sowie den Bestraften zur Mitarbeit bewegen und seine Fähigkeit verbessern, die eigene Impulsivität zu kontrollieren. Jedoch beziehen sich all diese Ergebnisse auf Menschen und es ist fraglich, wie viel davon man auf Tiere übertragen kann.

Zusammenfassend kann man sagen, dass positive Bestrafung eine sehr schwierige und heikle Technik der Verhaltensbeeinflussung ist, deren Regeln in der Praxis sehr schwer einzuhalten sind. Zudem hat sie oft unerwünschte Nebenwirkungen und führt bei nicht ganz korrekter Anwendung besonders leicht zu erheblichen Schäden.

Strafe hat trotzdem ihren Platz in der Hundeerziehung, und zwar, wo die Möglichkeit besteht, ein unerwünschtes Verhalten des Hundes, das in Zukunft zu großen Problemen führen würde, bereits wenn er es das allererste Mal zeigt, sehr hart, im richtigen Moment und möglichst anonym zu bestrafen. In diesem Fall ist die Wirkung optimal und es ist gut möglich, dass eine einzige solche Strafe das unerwünschte Verhalten für immer unterdrückt. Außerdem kann Strafe das Umlernen in bestimmten Fällen beschleunigen, falls sie moderat, den Regeln entsprechend und in Zusammenhang mit dem Trainieren eines Ersatzverhaltens durch möglichst positive Verstärkung angewandt wird.

Ein sehr weit gehender Verzicht auf Strafe lässt den Hundehalter trotzdem nicht hilflos im Regen stehen, denn es gibt durchaus andere praktikable und meist sogar wirksamere Methoden, eine Verhaltensänderung beim Hund zu erzielen. Zu diesen Methoden zählen z.B. Extinktion, Trainieren eines mit dem unerwünschten Verhalten unvereinbaren Ersatzverhaltens, Gegenkonditionierung, Veränderung der Haltungsbedingungen oder Umlenken bestimmter Verhaltensweisen auf ein anderes Objekt (siehe Kapitel „Knowhow für das Training", Seite 117).

Negative Verstärkung

Negative Verstärkung bedeutet, dass man den Hund belohnt, indem man etwas ihm Unangenehmes beendet. Obwohl für negative Verstärkung oftmals die gleichen aversiven Reize gebraucht werden wie für Strafe, muss es nicht immer gleich so dramatisch zugehen wie beim Zwangsapport, bei dem man dem Hund gezielt Schmerzen zufügt, bis er schreit, sodass man ihm das Bringholz ins Maul geben kann, damit er die Erfahrung macht, dass der Schmerz aufhört, sobald er das Holz ergreift. Im Grunde muss für eine negative Verstärkung der Reiz nur gerade so stark sein, um den Hund zu einer Verhaltensänderung zu bewegen. In diesem Sinne sind auch Hitze, Kälte oder eine unbequeme Lage beim Schlafen wirksame negative Verstärker: sie sorgen dafür, dass der Hund etwas tut, um sein momentanes Unbehagen abzustellen. Außerdem muss der aversive Reiz durch das Verhalten auch nicht ganz beendet werden, um negative Verstärkung wirksam werden zu lassen. Schon eine gewisse Abschwächung reicht dafür aus, z.b. wenn allzu laute Musik so weit leiser gestellt wird, dass sie nicht mehr stört. Andererseits muss der aversive Reiz, der zur negativen Verstärkung eingesetzt wird, natürlich ausreichend unangenehm sein, um das Tier in der betreffenden Situation überhaupt zu einer Verhaltensänderung zu bewegen. Z.B. ist der Reiz, der von einer Würgekette ausgeht, normalerweise nicht ausreichend aversiv, um der Belohnung entgegenzuwirken, die der Hund durch das Ziehen bekommt, nämlich möglichst schnell dahin zu kommen, wo er will.
Wie bei positiver Strafe gilt auch bei negativer Verstärkung im Prinzip, dass der Lernprozess bis zu einem gewissen Grad umso schneller verläuft und umso dauerhaftere Ergebnisse bringt, je stärker die verwendeten aversiven Reize sind. Da starke aversive Reize aber auch starke unerwünschte Nebenwirkungen haben, gewinnt negative Verstärkung für gewöhnlich dadurch, dass man das erwünschte Verhalten zusätzlich noch positiv verstärkt. Die Belohnungen bilden dann ein Gegengewicht zu den aversiven Reizen, was den Stress etwas mildert. Und indem man beide Teile der Skala nutzt,

kann man außerdem das „Gefälle" zwischen „unangenehm" und „angenehm" vergrößern, ohne die aversiven Reize verstärken zu müssen.

Negative Verstärkung führt entweder zu einer Flucht- oder zu einer Vermeidungsreaktion. Flucht ist dann gegeben, wenn das Tier unmittelbar auf den aversiven Reiz reagiert und versucht, ihm zu entfliehen. **Vermeidung** tritt dann ein, wenn es dem Tier gelingt, vorbeugend so zu handeln, dass der aversive Reiz gar nicht erst eintritt oder sein Eintreten zumindest hinausgezögert wird. Vermeidungslernen ist in aller Regel gewünscht, wenn bei der Hundeausbildung mit negativer Verstärkung gearbeitet wird: Ziel ist, dass z.b. der Leinenzug, um den Hund ins „Platz" zu bringen, gar nicht mehr ausgeübt werden muss, weil der Hund sich von vornherein so verhält, dass sich dies erübrigt. Vermeiden kann der Hund allerdings nur, wenn er an einem eindeutigen Signal erkennen kann, dass innerhalb der nächsten Sekunden die negative Verstärkung beginnen wird. Beim Training erfüllt normalerweise das Kommando eine solche Warnfunktion. Da der Hund aber anfangs noch nicht wissen kann, was das neue Kommando genau bedeutet, kann er auch den aversiven Reiz noch nicht vermeiden. Am Anfang steht also auch beim Vermeidungslernen unweigerlich die Fluchtreaktion: der Hund muss den aversiven Reiz einige Male tatsächlich erleben, ehe er lernen kann, ihm vorzubeugen. Er ist daher zu Beginn einer Ausbildung mit negativer Verstärkung einem je nach Stärke des aversiven Reizes mehr oder minder starken Stress ausgesetzt, mit allen schädlichen Nebenwirkungen, die das mit sich bringt (siehe „Lernhemmnisse", Seite 39).

Im Verlauf der Ausbildung gelingt es dem Hund dann immer besser, die aversiven Reize zu vermeiden. Hat er erst einmal vollständig begriffen, welche Reaktion er auf welches Signal hin zeigen muss, kann er sie sogar ganz vermeiden. Damit verringern sich sein Stress und seine Angst und er kann sich wieder entspannen. Bei korrekter Anwendung von negativer Verstärkung und wenn der Hund viel Routine erworben hat, kann diese Entspannung durchaus vollständig sein. Auch ein mit negativer Verstärkung ausgebildeter Hund reagiert daher im Endeffekt gelassen und entspannt auf Kommandos. Man sieht ihm nach Abschluss der Ausbildung nicht mehr unbedingt deutlich an, ob diese zu Anfang womöglich sehr hart verlief und mit Schmerz und Angst verbunden war. Dies liegt daran, dass zwei Lernprozesse parallel ablaufen, solange der Hund den aversiven Reizen noch tatsächlich ausgesetzt ist. Erstens lernt er per negativer Verstärkung, wie er diese durch sein eigenes Verhalten zuerst abstellen und später ganz vermeiden kann. Zweitens verknüpft er diverse Merkmale der Situation durch klassische Konditionierung mit den durch die aversiven Reize ausgelösten Gefühlen, also mit Stress, Angst und ggf. Schmerz. Schafft er es später, sich stets so zu verhalten, dass der aversive Reiz gar nicht mehr eintritt, stirbt die Verknüpfung mit den negativen Emotionen der Anfangszeit allmählich wieder aus (Extinktion).

Die Vermeidungsreaktion selbst ist erstaunlich resistent gegen Extinktion, auch wenn lange Zeit keine „Auffrischung" durch erneutes Erleben des aversiven Reizes mehr vorgekommen ist. Jedenfalls gilt dies, wenn der verwendete aversive Reiz sehr unangenehm war. Z.B. führten Hunde in einem Experiment eine durch Elektroschocks gelernte Vermeidungsreaktion noch mindestens 200-mal flott und zuverlässig aus, nachdem eigentlich gar kein Schock mehr erfolgt wäre, wenn sie sich falsch verhalten hätten. Nach demselben Prinzip zeigen denn auch Phobien ein extremes Beharrungsvermögen. Der Hund setzt sich freiwillig keinem Risiko mehr aus und kann so auch nie die Erfahrung machen, dass ja eigentlich gar nichts passiert wäre, wenn er nicht auf das Warnsignal reagiert hätte. Eine Extinktion kann man dann nur noch künstlich herbeiführen, indem man das Tier daran hindert, die Vermeidungsreaktion auszuführen. Dadurch kann es tatsächlich gelingen, das Vermeidungsverhalten relativ rasch auszulöschen (siehe „Reizüberflutung", Seite 149). Dies ist jedoch mit sehr großem Stress verbunden.

Vermutlich kommt die extreme Stabilität der Vermeidungsreaktion gegen Extinktion dadurch zustande, dass die Ausführung des Vermeidungsverhaltens durch Nachlassen der aufkeimenden Angst vor dem erwarteten aversiven Reiz immer wieder belohnt wird, auch ohne dass dieser Reiz neu erlebt wurde. Die Erleichterung darüber, die Unannehmlichkeiten erfolgreich vermieden zu haben, ist so groß, dass sie dauerhaft eine sehr wirksame Belohnung nach dem Motto „Uff – gerade noch mal davongekommen!" darstellt. Es ist daher besonders günstig für den Lerneffekt, wenn der Hund zusätzlich zum Warnsignal noch durch ein **Sicherheitssignal** die Information bekommt, dass er den aversiven Reiz erfolgreich vermieden hat. Diese Funktion kann ein zusätzliches Signal wie etwa das Wort „Brav" übernehmen. Aber auch das Abstellen des Warnsignals kann als Sicherheitssignal wirken, z.b. wenn beim Einsatz eines fernbedienten Schockhalsbandes vor dem eigentlichen Schock ein Trillerpfiff ertönt, den der Hund „abschalten" kann, indem er rasch „Platz" macht.

Die Verwendung von Warn- und Sicherheitssignalen erhöht nicht nur die Effektivität der negativen Verstärkung, sondern verringert durch klare Informationen außerdem auch den Stress des Hundes ganz beträchtlich. Er kann sich sicher fühlen, solange er kein Warnsignal bekommt, und hat auch nach dem Warnsignal noch eine Chance, dem aversiven Reiz zu entgehen. Ganz besonders wichtig ist das, wenn es sich um sehr massive Reize wie z.B. Elektroschocks handelt. Es ist außerdem bei solch starken Reizen wichtig, das Training so durchzuführen, dass eine ausreichende Erholungspause (allermindestens eine Viertelstunde) zwischen den einzelnen Versuchen eingehalten wird, damit der Hund sich beruhigen und das Gefühl, in Sicherheit zu sein, auch wirklich auskosten kann.

Bei der **Flucht** fehlt im Gegensatz zur Vermeidung ein eindeutiges Warnsignal. Der aversive Reiz selbst ist hier das Signal, an dem der Hund erkennt, dass er nun das operant gelernte Verhalten ausführen muss. Daher kann er es nie schaffen, erfolgreich zu vermeiden. Immer wieder wird er vom aversiven Reiz überrascht, es sei denn, es gelingt ihm, einigermaßen zutreffend zu raten, z.B. aufgrund von wenig kontingenten Signalen aus der Umgebung, wie etwa dem Ärger in der Stimme des Hundeführers, oder weil die aversiven Reize z.B. in einem Laborversuch mit einer gewissen zeitlichen Regelmäßigkeit beginnen.

Es ist kein Wunder, dass das Lernen über Flucht wesentlich langsamer und weniger effektiv ist als das über Vermeidung. Zudem ist der Hund einem viel größeren Stress ausgesetzt, der auch im Verlauf der Ausbildung nicht wesentlich geringer wird. Die klassisch konditionierten Gefühle von Angst und Stress bleiben also bestehen. Man kann daher davon ausgehen, dass negative Verstärkung ohne eindeutige Warnsignale nicht tierschutzgerecht ist. Umso bedenklicher, dass genau dies in der Praxis der Hundeausbildung aus Ungeschicklichkeit oder Unwissen immer wieder geschieht.

Einschränkungen und Risiken
Theoretisch funktioniert negative Verstärkung also sehr gut, zumindest bei korrekter Anwendung und auf der Basis von Vermeidungslernen. In der Praxis ist es jedoch nicht immer so einfach. Zunächst einmal versucht der Hund ggf. Gegenkontrolle auszuüben, etwa indem er vom Hundeführer fortläuft oder sich heftig gegen den aversiven Reiz wehrt. Solche Versuche, Gegenkontrolle zu erlangen, werden – wenn sie denn gelingen – mindestens ebenso wirksam negativ verstärkt wie die eigentlich vom Hundeführer angestrebte Reaktion des Hundes. Man muss also unbedingt dafür sorgen, dass der Hund von Anfang an keinen Erfolg damit hat. Dazu ist aber neben genug Erfahrung und schnellem Reaktionsvermögen oft auch eine gewisse Geschicklichkeit und Körperkraft nötig, z.B. wenn es darum geht, einen widerstrebenden Hund durch Leinenzug ins „Platz" zu bringen. U.a. das macht negative Verstärkung zu einer relativ kniffligen Ausbildungsmethode, die nicht besonders gut für Anfänger geeignet ist.
Auch hat der Hund in der „freien Wildbahn", anders als im Laborkäfig, eine Vielzahl von Reaktionsmöglichkeiten. Setzt der aversive Reiz ein, ist es daher durchaus nicht garantiert, dass der Hund darauf so reagiert, wie der Hundeführer es beabsichtigt hat. Das gewünschte Verhalten muss ggf. zuerst vorab auf anderem Wege trainiert oder mit anderen Mitteln angebahnt werden. Im Prinzip geht es dabei darum, die Handlungsmöglichkeiten des Hundes so einzugrenzen, dass die Wahrscheinlichkeit steigt, dass er auf den

aversiven Reiz entsprechend reagiert. Ein Beispiel ist etwa das Kommen auf Ruf über negative Verstärkung mit Hilfe einer Wurfkette. Falls der Hund auf den Kettenwurf hin nicht automatisch beim Besitzer Schutz sucht, sondern wegläuft, könnte man dies mit einer langen Leine oder durch einen Zaun verhindern. Noch besser ist, man trainiert zuvor das Kommen auf Ruf mit positiver Verstärkung oder mit einem schwächeren negativen Verstärker, wie z.B. mit nur leichten Rucken an der Leine.

Zumindest wenn stärkere aversive Reize verwendet werden, führen diese ebenso wie bei positiver Strafe beim Hund automatisch zu Flucht, Aggression oder beschwichtigendem Verhalten. Wenn die Reaktion, die man antrainieren will, genau dies beinhaltet, macht das in der Regel kein Problem, wie z.B. Flucht zurück zum Menschen beim Kommen auf Ruf oder schnelles Hinwerfen ins „Platz" direkt neben dem Besitzer, da dies unterwürfigem Verhalten ähnelt. Anders jedoch, wenn man vom Hund etwas möchte, was seinen natürlichen Neigungen widerspricht. Hunde, die auf aversive Reize hin sofort Schutz beim Besitzer suchen, ertragen z.B. beim Ablegen in einiger Entfernung zum Menschen nur sehr schwer negative Verstärkung: je stärker und häufiger die aversiven Reize sind, desto mehr drängt es sie, die Nähe zum Hundeführer zu suchen. Die Tendenz zu Flucht, Angriff oder Unterwerfung ist natürlich weniger stark, wenn man nur schwache aversive Reize verwendet. Dann aber verläuft der Lernprozess nur schleppend und die Vermeidungsreaktion unterliegt dann leider auch einer recht schnellen Extinktion.

Weitere Komplikationen entstehen genau wie bei positiver Bestrafung dadurch, dass der Hund durch die aversiven Reize einem mehr oder minder großen Stress ausgesetzt ist, der das Lernen erschweren oder völlig blockieren kann. Sensible, ängstliche oder junge Hunde geraten durch solche Reize besonders schnell in allzu großen Stress und übertriebenes Meideverhalten. Für sie ist negative Verstärkung daher nur eingeschränkt geeignet. Auch Hunde, die besonders zu „Sturheit" und Gegenwehr neigen, lassen sich meist nicht so gut über negative Verstärkung beeinflussen, da sie äußerst hartnäckig versuchen, Gegenkontrolle auszuüben. Das kann zu einer gegenseitigen Eskalation führen, die eher einem Machtkampf als vernünftigem Training gleicht.

Die aversiven Reize können außerdem bei allen Hunden ebenso wie Strafreize dazu führen, dass über klassische Konditionierung negative Assoziationen mit der gesamten Lernsituation oder einzelnen ihrer Merkmale (Hundeplatz, Kommandos, Bringholz, der Hundeführer selbst) entstehen, mit allen unangenehmen Auswirkungen, die das hat. Leicht werden vom Hund auch irgendwelche Reize als Warnsignale verknüpft, obwohl der Hundeführer dies gar nicht beabsichtigte. Man sieht z.b. häufig Hunde, die sich nicht auf das Kommando „Platz" hinlegen, sondern erst, wenn der Hundeführer den Fuß hebt, um die Leine niederzutreten. Hier wurde durch schlampiges Arbeiten des Hundeführers nicht das Kommando kontingent als Warnsignal verknüpft, sondern die Bewegung, die den Leinenzug ankündigt. Noch größer ist der Schlamassel, wenn es dem Hund gelingt, solche versehentlich als Warnsignal etablierten Gesten zu benutzen, um Strategien der Gegenkontrolle zu fahren. So könnte der Hund z.b. herausfinden, dass er den aversiven Reiz nicht nur vermeiden kann, indem er „Platz" macht, sondern auch indem er nach dem Hundeführer schnappt, sobald der den Fuß hebt.

Fazit

Negative Verstärkung wirkt zweifellos, da ihr Informationsgehalt durch die unmittelbare Rückmeldung an den Hund fast ebenso groß ist wie bei positiver Verstärkung, zumindest wenn korrekt mit Warn- und Sicherheitssignalen gearbeitet wird. Da der Hund durch die angewendeten aversiven Reize jedoch zumindest zu Beginn der Ausbildung starker Belastung ausgesetzt ist und bei fehlerhafter Anwendung Schäden und unerwünschte Nebenwirkungen drohen, ist negative Verstärkung wenig fehlertolerant und daher definitiv keine Methode für Anfänger. Außerdem eignet sie sich für bestimmte Hundetypen und Lernaufgaben gar nicht oder nur sehr eingeschränkt. Bei sorgfältiger Vorgehensweise eines erfahrenen Trainers kann negative Verstärkung jedoch schnelle und nachhaltige Erfolge haben und daher vertretbar sein, wenn sie so gehandhabt wird, dass die Belastung des Hundes möglichst gering gehalten wird.

Regeln für negative Verstärkung
▸ Exaktes Timing ist kritisch (Kontiguität).
▾ Stets ein Warnsignal und möglichst auch ein Sicherheitssignal verwenden.
▸ Nur zum Antrainieren von stimmigen, „logischen" Reaktionen verwenden.
▸ Das gewünschte Verhalten evtl. durch Vortraining anbahnen.
▸ Harte, aber individuell angepasste aversive Reize erzielen bessere Wirkung als schwache.
▸ Bei Verwendung stark aversiver Reize „Erholungspausen" einhalten.
▸ Gegenkontrolle muss ausgeschlossen werden.
▸ Möglichst zusätzlich mit positiver Verstärkung arbeiten.

Negative Bestrafung

Negative Bestrafung, also das Entfernen von etwas Angenehmem, ist insofern ein Sonderfall, als man nur dann jemandem etwas wegnehmen kann, wenn er es schon hat oder zumindest fest davon ausgeht, dass er es bekommen wird. In der Ausbildung funktioniert negative Bestrafung daher nur als Gegenspieler von positiver Verstärkung. Sie ist bei positiver Verstärkung auch automatisch immer am Werk, weil schon das Ausbleiben einer Belohnung beim Übergang von Immerverstärkung auf eine weniger intensive Belohnungsrate als negative Bestrafung aufgefasst werden kann. Das Besondere daran: in dieser Situation steigert negative Bestrafung die Motivation des Hundes zur Mitarbeit sogar noch. Denn sie bedeutet, dass die Belohnung im Prinzip noch verfügbar ist. Der Hund muss sich nur noch mehr anstrengen oder etwas anderes tun, um sie zu bekommen. Dosiert eingesetzte negative Strafen überbringen etwa die Botschaft: „Beinahe hättest du es geschafft!", jedenfalls sofern sie im Wechselspiel mit positiven Verstärkern und nicht übertrieben häufig eingesetzt werden.

Außerhalb von Trainingseinheiten mit positiver Verstärkung kann man negative Bestrafung in Form einer so genannten „Auszeit" (engl. „Time-out") verwenden. Auszeit bedeutet den vorübergehenden Entzug aller oder vieler im Moment für den Hund wichtigen positiven Verstärker (Näheres zur Anwendung siehe Kapitel „Know-how für das Training", Seite 147).

Falls man negative Strafe falsch einsetzt, kann sie ebenfalls zu unerwünschten Nebenwirkungen führen, z.b. kann es sein, dass der Hund bestimmte Aspekte der Strafsituation mit dem unangenehmen Gefühl verknüpft, das die Strafe in ihm erzeugt. Dies kann z.B. der Fall sein, wenn man eine Hundebox hauptsächlich dazu benutzt, um den Hund als eine Form der negativen Bestrafung darin einzusperren. Er beginnt dann die Box zu fürchten und zu hassen und wird sich vermutlich sträuben hineinzugehen. Ein dauerndes Ignorieren des Rudeltiers Hund kann außerdem beinahe ebenso grausam sein wie zu harte oder nicht kontingente positive Strafen. Eine übermäßige Verwendung von negativer Bestrafung mindert außerdem ihre Wirkung, da der Hund über einen Entzug von Verstärkern weniger geknickt ist, wenn er insgesamt sowieso nicht viel erwartet hat.

Ansonsten hat negative Bestrafung aber viele Vorteile, denn sie ist besonders im sozialen Bereich (z.B. um forderndes, lästiges Verhalten abzustellen) sehr wirksam, da sie die zugrunde liegende Motivation des Rudeltiers Hund berührt. Sie hat zugleich weniger unerwünschte Nebeneffekte als positive Strafe und negative Verstärkung. Z.B. führt sie nicht so schnell zu einer übererregten Reaktion des Hundes wie eine positive Strafe und löst auch nur selten Gegenwehr aus. Direkte Konflikte zwischen Hund und Hundeführer werden so vermieden. Wie bei den anderen Formen des operanten Lernens gewinnt negative Bestrafung durch optimales Timing an Wirkung, wenn mit einem eindeutigen Signal („Das war's!") der Moment gekennzeichnet wird, in dem der Hund die erwartete Belohnung durch sein eigenes Verhalten verspielt.

Vor- und Nachteile von Verstärkung und positiver Bestrafung

	Positive Verstärkung	Positive Strafe/ negative Verstärkung
Informationsgehalt	hoch	niedrig / relativ hoch
Meideverhalten	nein	ja
Gegenwehr	nein	möglich
„Drückebergerei"	nein	üblich
Flexibilität des Gelernten	hoch	niedrig
Gewöhnung an verwendete Strafen/Verstärker	nein	leicht möglich
Stress	gering	sehr hoch
Fehlertoleranz	hoch	sehr gering
Anwendungsgebiet	sehr groß	eingeschränkt
Lerntempo	schnell	sehr schnell
Extinktion	je nach Verstärkungsrate schnell oder relativ langsam	bei hoher Reizintensität sehr langsam
Zielgruppe	sehr groß	eingeschränkt
Spaßfaktor	sehr hoch	gering
Tierschutzgerechtigkeit	sehr hoch	fragwürdig

Signalkontrolle

Beim Lernen durch operante Konditionierung muss der Hund zweierlei herausfinden: *was* er tun soll, also welche Auswirkungen ein bestimmtes Verhalten für ihn haben wird (Thorndike's Law of Effect, siehe Kapitel „Lernverhalten", Seite 24), und *wann* er es tun soll. Männchen zu machen kann sich z.b. für einen Hund in einer Trainingsstunde auszahlen oder wenn Gäste bei Tisch sitzen, nicht aber, wenn er allein ist. An gewissen Reizen (= Sinneswahrnehmungen) kann der Hund erkennen, ob es gerade geraten ist, ein bestimmtes Verhalten auszuführen oder nicht. Die Anwesenheit von Menschen und Futter bedeutet, dass Männchen machen sich im Moment lohnen kann. Allein sein bedeutet, dass es jetzt nichts bringt, Männchen zu machen.

Wenn der Hund ein bestimmtes Verhalten nur dann zeigt, wenn er bestimmte Reize wahrnimmt, sagt man, es ist unter „**Reizkontrolle**". Alles, was einem bestimmten Verhalten regelmäßig vorangeht und geeignet ist, zuverlässige Voraussagen über die Folgen zu machen, die das Verhalten in dieser Situation haben wird, kann auf diese Weise zum auslösenden Reiz für eben dieses Verhalten werden. Solche Lernvorgänge können auch beim Menschen sogar völlig unbewusst ablaufen und trotzdem sehr komplex sein. Reizkontrolle ist natürlich immer am Werk, sobald operantes Lernen stattfindet. Denn auch ohne gezielt vom Menschen durchgeführtes Training muss der Hund dauernd für sich herausfinden, wann er was tun soll. Mäuse zu jagen lohnt sich z.B. nur, wenn der Hund die Anwesenheit von Mäusen wahrgenommen hat.

Im Bereich des Trainings benutzt man statt des Begriffs „Reizkontrolle" meist das Wort „Signalkontrolle" (**Signal** = Zeichen mit feststehender Bedeutung). Damit wird ausgedrückt, dass es sich bei dem kontrollierenden Reiz um ein formkonstantes Zeichen han-

„Formen" des Apportierens mit konditioniertem Verstärker: anfangs wird bereits das geringste Interesse am Holz durch Click & Leckerchen verstärkt.

Später gibt es nur noch fürs Fassen und Halten Click & Leckerchen.

So dicht beieinander ist die Ablenkung durch die anderen Hunde für diese Anfängergruppe zu groß.

Schon durch etwas mehr Abstand zueinander verringert sich die Ablenkung beträchtlich, und die Hunde können sich wieder konzentrieren.

delt, das der Trainer bewusst in der Absicht verwendet, den Hund damit zu einem bestimmten Verhalten zu veranlassen. Signalkontrolle ist ein fundamentaler Bestandteil jeden Tiertrainings, da man nur dann wirklich Nutzen von einem antrainierten Verhalten hat, wenn man es auslösen kann, wann man möchte.

Ein Verhalten ist dann unter Signalkontrolle, wenn es zuverlässig auf ein bestimmtes Signal hin ausgeführt wird: man sagt „Platz" und der Hund legt sich. Zusätzlich soll der Hund das Signal nicht mit anderen Signalen verwechseln. Auf „Platz" soll er sich legen und nicht setzen. Und er soll auf „Sitz" oder das „Platz" eines anderen Hundeführers nicht mit Hinlegen reagieren. Zur vollständigen Signalkontrolle gehört auch, dass der Hund das Verhalten zumindest in der Trainingssituation nicht ausführt, wenn das Signal nicht gegeben wurde. Falls sich der Hund also dauernd hinsetzt und dafür offensichtlich ein Leckerchen erwartet, heißt das nichts anderes, als dass das Hinsetzen noch nicht richtig unter Signalkontrolle ist.

In der Hundeausbildung nennt man den das Verhalten kontrollierenden Reiz landläufig **Kommando** – ein etwas unglücklicher Begriff, weil damit die irrige Vorstellung verbunden ist, der Hund unterstände automatisch der Befehlsgewalt des Menschen, ähnlich wie ein Soldat beim Militär seinem Vorgesetzten. Das neutralere Wort „Signal" erinnert dagegen stets daran, dass es sich bei einem Wort wie „Platz" oder „Komm" in Wirklichkeit einfach um eine Information an den Hund handelt, die ihn in Kenntnis darüber setzt, was für Folgen ein bestimmtes, von ihm gezeigtes Verhalten im Moment haben oder nicht haben wird. Der Hund hat aber immer die Wahl, wie er mit der Information umgeht: er kann auf eine in Aussicht gestellte Belohnung verzichten oder einen angekündigten aversiven Reiz in Kauf nehmen oder versuchen, ihn durch Gegenkontrolle unwirksam zu machen. Signalkontrolle ist daher nie hundertprozentig sicher, obwohl man durch fleißiges und sorgfältiges Training durchaus eine beachtliche Zuverlässigkeit, ja sogar eine fast automatische und beinahe „zwingende" Reaktion des Hundes erreichen kann.

Signalkontrolle hat vieles mit klassischer Konditionierung gemeinsam. Tatsächlich ist es im Prinzip auch möglich, ein Verhalten des

Hundes rein „klassisch" unter Reizkontrolle zu bringen, indem man nichts weiter tut, als jeweils den Reiz zu geben, kurz bevor er das Verhalten ausführt. (Immer wenn man sieht, dass der Hund sich gerade zum Hinlegen anschickt, sagt man „Platz".) Dies ist allerdings eine wenig praktikable Methode, da sie langwierig und nur für einfache Verhaltensweisen anwendbar ist. Echte Signale werden daher vor allem operant gelernt, was bedeutet, dass die Reaktion auf das Signal normalerweise nicht wie bei klassischer Konditionierung unbewusst und automatisch erfolgt, sondern wie bei operanter Konditionierung zielorientiert und motivationsabhängig ist.

Aus der Tatsache, dass Signalkontrolle und klassische Konditionierung sehr ähnlich sind, folgt, dass die Regeln, nach denen man ein Signal etabliert, denen entsprechen, die eingehalten werden müssen, damit eine klassische Konditionierung zustande kommt. D.h., die Kontingenz zwischen dem Signal, dem signalisierten Verhalten und der Konsequenz, die das Verhalten hat, sollte möglichst hoch sein. Das Timing (Kontiguität) zwischen Signal und Verhalten ist kritisch, d.h. der als Signal verwendete Reiz sollte im Idealfall 0,5 bis 2 Sekunden vor dem Verhalten kommen. Es braucht in der Regel etliche Wiederholungen des Vorgangs, bis die Reaktion zuverlässig ist. Manche Reize sind von Natur aus besser als Signale geeignet als andere. Auch Signale können sich überschatten oder Reizkombinationen bilden. Extinktion ist möglich, wenn der Zusammenhang zwischen dem Signal und den Folgen des signalisierten Verhaltens über viele Wiederholungen hinweg nicht mehr gegeben ist.

Man vermutet, dass Signalkontrolle entsteht, indem in Form einer „Dreiecksbeziehung" per klassischer Konditionierung eine Assoziation zwischen dem Signal, dem dazugehörigen Verhalten und der Belohnungswahrscheinlichkeit für das Verhalten gemacht wird. Das Signal „Sitz" hilft dem Hund zu unterscheiden, ob Sitzen belohnt wird oder nicht. Den Reiz, der als Signal dient, bezeichnet man daher nicht als „konditionierten Reiz", sondern als **diskriminativen Reiz** (diskriminieren = unterscheiden). Je nach Ausbildungsmethodik nehmen die diskriminativen Reize, also die Kommandos, dabei den Charakter eines negativen oder positiven konditionierten Verstärkers an und werden entsprechend gefühlsmäßig besetzt. „Komm" kann z.b. je nach Ausbildungsmethode bedeuten: „Wenn ich jetzt sofort zu meinem Menschen laufe, bekomme ich ein Leckerchen!", oder: „Gleich kommt eine Kette geflogen! Wenn ich jetzt sofort zu meinem Menschen laufe, kann ich das gerade noch verhindern." Auch konditionierte Strafen lassen sich als diskriminative Reize verstehen. Eine konditionierte positive Strafe („Pfui!") sagt im Idealfall dem Hund, dass die Wahrscheinlichkeit einer positiven Strafe 100 % ist, falls er das Verhalten weiterführt. Eine konditionierte negative Strafe („Oh, wie schade!") sagt dem Hund, dass die Wahrscheinlichkeit, dass das Verhalten, das er gerade zeigt, belohnt wird, bei 0 % liegt.

Aufgrund dieser Zusammenhänge ist es verständlich, dass die Zuverlässigkeit der Signalkontrolle davon abhängt, ob die „Dreiecksbeziehung" ausreichend kontingent ist oder nicht. Wichtig ist vor allem die Kontingenz der Verknüpfung zwischen dem Signal und der Konsequenz, die das zugehörige Verhalten hat. Je sicherer das Signal auch wirklich eine Verstärkung des Verhaltens voraussagt, desto besser wird der Hund auf das Signal reagieren. Das ist der einfache Grund dafür, warum viele Hunde zuverlässiger auf das Knistern mit einer Tüte kommen als auf das Signal „Hier!". Der Hundeführer hat sich so verhalten, dass das Rascheln der Tüte dem Hund mit größerer Sicherheit eine positive Verstärkung fürs Kommen ankündigt als das Wort „Hier".

Die zweite Komponente, die zur Zuverlässigkeit der Signalkontrolle beiträgt, ist die Kontingenz der Beziehung Signal–Verhalten. Vollständige Signalkontrolle wäre eigentlich erst dann gegeben, wenn der Hund ein bestimmtes Verhalten ausschließlich auf das zugehörige Signal hin ausführt. Für manche Verhaltensweisen ist das natürlich unrealistisch: wir können nicht verlangen, dass der Hund sich zeit seines Lebens nur dann hinsetzt oder -legt, wenn er zuvor das entsprechende Signal bekommen hat. Bei solchen Handlungen muss man auf den einen Teil der Signalkontrolle – der

Hund zeigt das Verhalten nicht, wenn das Signal nicht gegeben wurde – verzichten. Der andere Teil – immer wenn das Signal gegeben wird, zeigt der Hund das zugehörige Verhalten – sollte aber tatsächlich angestrebt werden. Denn nimmt der Hund das Signal öfters wahr, ohne dass er danach das zugehörige Verhalten ausführt, schwächt das ganz beträchtlich die Kontingenz zwischen Signal und Verhalten und damit die Zuverlässigkeit der Reaktion auf das Signal hin. Dies erklärt, warum Trainer ihren Schülern immer wieder einschärfen, dass sie dem Hund ein Signal nur ein einziges Mal geben und auf Kommandos verzichten sollen, falls im Moment doch keine Chance besteht, den Hund zu dem gewünschten Verhalten zu bewegen. Bei manchen Signalen strebt man auch tatsächlich eine absolute Signalkontrolle an. Es wäre z.b. für die Verkehrssicherheit wünschenswert, wenn der Hund tatsächlich nie ohne eindeutiges Signal aus dem Auto springen würde.

Diskriminieren und Generalisieren

Signalkontrolle entsteht in einem Wechselspiel aus zwei entgegengesetzten Prozessen: der Diskrimination (Unterscheidung) und der Generalisation oder Generalisierung (Verallgemeinerung). **Diskrimination** ist der Grund dafür, das sich Tiere in Anwesenheit von verschiedenen Reizen verschieden verhalten. Im Zuge der operanten Konditionierung lernt der Hund zunächst: „Fürs Hinsetzen bekommt man ein Leckerchen." In einem zweiten Schritt lernt er dann die Einschränkung: „Fürs Hinsetzen bekommt man nur dann ein Leckerchen, wenn vorher ‚Sitz' gesagt wurde." Um diese Regel „nur dann, wenn ..." zu begreifen, muss der Hund lernen zu unterscheiden, also zu diskriminieren. Der Lernprozess besteht nicht darin, zu lernen, zwei Reize auseinander zu halten – dies kann der Hund schon. Er muss vielmehr lernen, was wichtig für ihn ist und worauf er folglich seine Aufmerksamkeit richten muss. Umgekehrt muss er auch begreifen, was unwichtig für ihn ist und daher keine Beachtung verdient.

Diskrimination ist deshalb wichtig, weil zumindest außerhalb des Labors jede Situation sehr viele Reize bietet, von denen die meisten unwichtig sind. Schafft der Hund es, den richtigen Reiz herauszusuchen, kann er sich am besten angepasst verhalten. „Richtig" bedeutet, dass der gewählte Reiz dem Hund eine optimale Vorhersage über die Folgen seines eigenen Verhaltens ermöglicht und dass er gut zu erkennen ist. In der Trainingssituation sollte dies natürlich eigentlich das Signal des Hundeführers sein, aber das ist durchaus nicht immer der Fall. Oft genug erlauben z.b. Gesichtsausdruck und Stimmlage des Hundeführers oder die Anwesenheit eines Prüfungsrichters eine zutreffendere Vorhersage über die Belohnungswahrscheinlichkeit als das Signal selbst. Entsprechend wird der erfahrene Hund dann auch reagieren.

Aber sogar der Aufbau der vom Hundeführer gewünschten Verknüpfung durch korrektes Training der Signalkontrolle (siehe Abschnitt „Signalkontrolle in der Praxis", Seite 112) kann eine ganze Weile dauern und ist für den Hund eine relativ schwierige Aufgabe, weil es gut möglich ist, dass er im Laufe des Lernprozesses zunächst mehrere falsche „Hypothesen" darüber entwickelt, welcher der vielen Reize von Belang ist. Und solche „Hypothesen" beziehen sich nicht mal nur auf bestimmte Reize, sondern oft sogar auf beinahe abstrakte Kategorien wie etwa die Reihenfolge der Übungen oder links/rechts-Unterschiede.

Generalisierung erklärt, warum sich Tiere in Anwesenheit von verschiedenen Reizen dennoch gleich verhalten. Nachdem der Hund den diskriminativen Reiz (im Idealfall also das Signal des Menschen) erst einmal aus all den unwichtigen Situationsreizen „herausgefiltert" hat, muss er wiederum lernen, dass dieser Reiz auch dann seine Bedeutung behält, wenn er vielfältig abgeändert wird. Eine solche Veränderung ist z.B. die stets etwas anders ausfallende Lautstärke oder Klangfarbe eines Hörzeichens wie „Sitz". Oder der Hund soll ggf. auch dann auf „Sitz" mit Hinsetzen reagieren, wenn eine Person dieses Hörzeichen sagt, die eine ganz andere Stimme hat und sich auch sonst ganz anders benimmt als die Person, die dem Hund das „Sitz" ursprünglich beigebracht hat.

Generalisierung ist für Hunde meist noch schwerer zu bewältigen als Diskrimination, weil Hunde dazu neigen, Situationsreize „im Paket" wahrzunehmen und abzuspeichern. Bringt man einem Hund etwas Neues bei, wird er in der Regel zunächst die gesamte Trainingssituation mit allen Einzelheiten als Reizkombination verknüpfen. Statt z.b. „Platz = hinlegen = Leckerchen" verknüpft der Hund so etwas wie: „Diese bestimmte Wiese & Sonnenschein & Duft nach Heu und Leckerchen & Vogelgezwitscher & links neben meinem Menschen, der sich in bestimmter Weise herunterbeugt & in einem bestimmten Tonfall ‚Platz' sagt = hinlegen = Leckerchen." Die Abänderung eines der Faktoren, wie z.b. das Fehlen des Herunterbeugens oder ein anderer Übungsort, stellt dann eine Änderung der ursprünglichen Reizkombination dar. Der Hund muss erst lernen zu verallgemeinern, dass „Platz" auch dann noch „hinlegen" bedeutet, wenn sich alle anderen Faktoren bis zur Unkenntlichkeit geändert haben.

Generalisierung ist auch dann wichtig, wenn es um andere Reaktionen geht als um solche, die auf antrainierte Signale hin gezeigt werden sollen. Praktisch jede Lernerfahrung muss zunächst auf andere Orte, Situationen, Personen usw. übertragen werden, damit man im Alltag Nutzen davon hat. Dass Hunde nur schwer generalisieren, aber dafür sehr gut differenzieren, hat auch Vorteile, denn es macht sie sehr anpassungsfähig. Man kann einem Hund eine ganze Anzahl von verschiedenen Signalen zumuten und angepasstes Verhalten in vielen verschiedenen Situationen erwarten. Und der Hund kann sich auch relativ problemlos darauf einstellen, dass verschiedene Personen verschieden mit ihm umgehen.

Generalisierung und Diskrimination sind ein fundamentaler und meist sehr zeitraubender und aufwendiger Bestandteil jeden Hundetrainings. Beide Facetten der Signalkontrolle wechseln sich dabei pausenlos ab. Lernt der Hund ein neues Signal, steht die Diskrimination im Vordergrund: zuerst, um überhaupt ein Signal für das neu gelernte Verhalten zu etablieren, dann, damit der Hund lernt, es nicht mit anderen, ihm bereits bekannten Signalen zu verwechseln. Geht es darum, das Gelernte auf andere Situationen zu übertragen, ist hauptsächlich Generalisierung am Werk. Systematisches Generalisierungstraining (siehe unter „Ablenkungstraining", Seite 136) ist auch oft der Prüfstein, um festzustellen, ob der Hund überhaupt die gewünschte „Hypothese" darüber gemacht hat, welches der diskriminative Reiz ist, weil eventuelle Fehlverknüpfungen schneller deutlich werden, wenn man an verschiedenen Orten und unter verschiedenen Bedingungen trainiert.

Die Art des Signals

Entsprechend der klassischen Konditionierung, bei der ja bestimmte Reize leichter als konditionierter Reiz verknüpft werden als andere, gibt es auch Reize, die sich besser als diskriminativer Reiz eignen als andere. Man spricht hier von Dispositionen. Eine **Disposition** ist eine Anlage zu einer immer wieder durchbrechenden Eigenschaft oder zu einem typischen Verhalten. In Bezug auf das Lernen bedeutet dies, dass Tiere bestimmte Dinge leichter lernen als andere. Wenn sich in einer Lernsituation mehrere Reize als diskriminativer Reiz anbieten – welchen wird der Hund dann wählen? Welchen Reiz sollte der Hundeführer ihm als Signal anbieten, um das Lernen zu vereinfachen? Neben der Biologie des Hundes spielen bei der Beantwortung dieser Frage seine Vorerfahrungen und die Qualität des Reizes eine Rolle.

Hunde verständigen sich untereinander fast ausschließlich mit Körpersprache. Lautsprache hingegen ist ihnen fremd, zumindest als Mittel, präzise Informationen zu übermitteln. Hunde und viele andere Tiere verknüpfen selbst ganz unauffällige Gesten (so genannte Sichtzeichen) sehr viel leichter als gesprochene Signale (so genannte Hörzeichen). Der Mensch drückt sich in ihren Augen sehr viel genauer mit seinem Körper als mit seiner Stimme aus. Die Stimme verrät dem Hund (zusammen mit entsprechender Körpersprache, Gesichtsausdruck und ggf. sogar Geruchsveränderung) allerdings sehr viel über die Emotionen des Menschen. Hunde versuchen denn auch nicht selten, sich eher an der emotionalen Färbung der Stimme zu orientieren als an der Lautfolge des Hörzeichens. Auf ein beliebiges, aber barsch und im Befehlston ausgesprochenes Wort legen sich viele Hunde automatisch ins „Platz", weil sie gewohnt sind, dass ihr Mensch „Platz" scharf ausspricht. Ein helleres, freundlicher gesprochenes Wort interpretieren sie dagegen zunächst einmal als „Sitz".

Was Hörzeichen betrifft, besteht offenbar allenfalls eine Disposition dafür, dass lang gezogene Laute sich eher als Signal für ruhige, passive Tätigkeiten eignen und kurze, abgehackte Laute eher für aktive Tätigkeiten. Es ist also bestimmt kein Zufall, dass Tiertrainer in aller Welt ihre Lautsignale, egal ob mit Pfeife oder Stimme, intuitiv entsprechend wählen, wie es etwa in einer Untersuchung an Schäfern nachgewiesen werden konnte. Neben Bewegungen und Körpersprache ihres Sozialpartners Mensch verknüpfen Hunde noch besonders leicht Orte und natürlich Gerüche. D.h. dass z.B. die Wahrscheinlichkeit groß ist, dass ein Hund den Ort des Geschehens als wichtigsten diskriminativen Reiz verknüpft. Das Wohnzimmer ist dann der Ort, an dem Pfötchengeben belohnt wird, und der Hundeplatz der Ort, der die sicherste Vorhersage darüber erlaubt, dass „Platz" konsequent negativ verstärkt wird. Entsprechend reagiert der Hund dann auch nur an den jeweils passenden Orten zuverlässig auf die Signale. Soll er überall gleich gut darauf regieren, muss die Übung zuerst auf andere Orte verallgemeinert werden.

Generell werden Reize, die sozusagen „ins Auge springen", eher als diskriminative Reize ausgewählt als weniger offensichtliche. Ein Signal sollte also ruhig ein wenig auffällig und vor allem deutlich von den anderen Situationsreizen zu unterscheiden sein. (Was natürlich nicht bedeutet, dass man Kommandos brüllen sollte – im Gegenteil: Gebrüll lässt die Hörzeichen sehr ähnlich klingen.) Dass deutlich erkennbare und eher auffällige Signale besser verknüpft werden, erklärt vermutlich auch, warum Hunde erfahrungsgemäß auf technisch erzeugte Signale (Pfeife, Clicker, Discs usw.) besser reagieren als auf stimmliche Signale. In einer Situation, in der ein Hund einen Zuruf nicht mehr beachten würde, reagiert er meist noch auf ein Pfeifsignal oder das Klappern der Discs, vermutlich da diese Signale einfach klarer sind.

Bei der Frage, worauf der Hund am besten reagiert, spielt aber auch die Vorerfahrung eine Rolle. Ist dem Hund das Signal wichtig, da es eine für ihn bedeutsame Information übermittelt, wird er es auch dann noch mühelos erkennen, wenn es sehr leise oder unauffällig gegeben wird. Das liegt daran, dass man auf Reize, die einem wichtig sind – wie z.B. der eigene Name –, automatisch viel stärker achtet als auf andere. Vorerfahrung entscheidet natürlich auch mit darüber, welche Reize das Tier überhaupt als mögliche diskriminative Reize betrachtet. Normalerweise sind z.B. die Geräusche, die ein Computer von sich gibt, für einen Hund belanglos. Wenn das Ausschalten des Computers aber häufig dem täglichen Spaziergang vorausgeht, gewinnt es für den Hund an Bedeutung und er lernt, darauf zu achten. Das erste Signal einer neuen Kategorie (z.B. Hörzeichen oder Pfiffe) zu lernen ist für den Hund denn auch besonders schwer, da er nicht nur dieses spezielle Signal beachten muss, sondern auch, dass solch ein Reiz für ihn überhaupt etwas bedeuten kann. Hat der Hund erst einmal begriffen, dass z.B. Worte, Handbewegungen oder Pfiffe wesentliche Informationen für ihn beinhalten, lernt er weitere Signale dieser Kategorie wesentlich schneller.

Überschattungen und Reizkombinationen

Ebenso wie bei der klassischen Konditionierung kann es zu **Überschattungen** kommen, wenn mehrere diskriminative Reize gleichzeitig angeboten werden. Der Hund neigt dann dazu, sich auf einen besonders offensichtlichen Reiz zu konzentrieren oder auf einen, der einer Kategorie von Reizen angehört, die er bisher schon als wichtig kennen gelernt hat. Unauffälligere oder auch schon bisher als bedeutungslos eingestufte Reize werden zunächst als „Hintergrundrauschen" ausgeblendet, da sie dem Hund keine zusätzlichen Informationen bieten. Wenn man z.B. einem Hund das Hinsetzen beibringt, indem man gleichzeitig „Sitz" sagt und sein Hinterteil zu Boden drückt, wird er sehr lange brauchen, um zu begreifen, dass das Wort „Sitz" das Signal sein soll. Viel offensichtlicher und damit viel leichter als diskriminativer Reiz zu erkennen und zu lernen ist nämlich die Berührung. Warum sich als Hund abmühen, ein schwer zu erkennendes Wort zu verstehen, wenn man doch warten kann, bis man deutlich angetippt wird?

Ähnliches passiert, wenn Hör- und Sichtzeichen gleichzeitig gegeben werden. Hier wird meist das Hörzeichen von dem aufgrund der hundlichen Lerndisposition leichter zu erfassenden Sichtzeichen komplett überschattet. Auf diese Weise werden auch anfängliche Ausbildungshilfen wie Berührungen, Leineneinwirkungen, übertriebene Körpersprache des Hundeführers oder die Sichtbarkeit von Spielzeug oder Leckerchen sehr leicht zu diskriminativen Reizen, die die eigentlich beabsichtigte Verknüpfung des Hörzeichens blockieren. Beim Bei-Fuß-Gehen überschattet z.b. die gesamte während der Ausbildung eingenommene Körperhaltung des Menschen nicht selten vollständig das Hörzeichen „Fuß". Der Hund reagiert dann kaum auf das Wort „Fuß", kommt aber sofort an die Seite des Hundeführers, wenn dieser seine Hand in bestimmter Weise hält oder einen bestimmten „zackigen" Schritt vorlegt.

Häufig kommt es auch (wie im Abschnitt „Diskriminieren und Generalisieren", S. 100, bereits angesprochen) zu Reizkombinationen mit dem Hörzeichen und Ausbildungshilfen oder anderen Merkmalen der Übungssituation. Zum Thema Reizkombination gehören aber auch so genannte **Instruktionsreize**. Hierbei handelt es sich um eine Art **„Übersignal"**, das den Hund auf eine kommende Tätigkeit vorbereitet, ihn entsprechend einstimmt und sogar allen folgenden weiteren Signalen eine ganz andere Bedeutung geben kann. Ein solcher meist eher unerwünschter Instruktionsreiz kann z.B. Haltung und Gesichtsausdruck des Menschen sein. „Komm" bei freundlichem Gesichtsausdruck bedeutet, dass Kommen jetzt belohnt wird. Bei wütendem Gesichtsausdruck und angespannter Körperhaltung heißt dasselbe Wort, dass Kommen bestraft wird. Ein vom Trainer bewusst eingesetzter Instruktionsreiz ist das Führgeschirr des Blindenführhundes. Solange er das Geschirr umhat, „arbeitet" der Hund und benimmt sich ganz anders als sonst: er stoppt an Kanten, weicht Hindernissen aus und kümmert sich nicht um andere Hunde, ohne dass man ihm ein weiteres Signal dafür geben muss. Bei einem Sporthund wird das Packen der Trainingsutensilien oder das Einstecken eines Spielzeugs leicht zum Instruktionsreiz für die kommende Trainingseinheit. Der Hund gerät dann schon bei diesen Vorbereitungen in eine besonders motivierte und reaktionsbereite Stimmung, was das Arbeiten mit ihm erleichtert.

In der Praxis muss man manchmal richtige „Versuchsreihen" durchführen, um herauszufinden, ob es bei der Ausbildung unabsichtlich zu Überschattungen oder zu Reizkombinationen gekommen ist und auf welchen diskriminativen Reiz der Hund nun wirklich reagiert. Vermeiden oder wieder auflösen kann man unerwünschte Überschattungen oder Reizkombinationen, indem man darauf achtet, das eigentliche Signal stets vor den anderen Reizen zu geben. Oder man lässt die anderen Reize im Verlauf der Ausbildung allmählich immer schwächer werden (= „**Ausschleichen**" oder „**fading**"), bis der Reiz, den man als Signal vorgesehen hat, vom Hund „angenommen" wird, weil er zum offensichtlichsten diskriminativen Reiz der Situation geworden ist. Auch Ablenkungstraining, bei dem man schrittweise alle möglichen Rahmenbedingungen der Übungssituation verändert, trägt dazu bei, das eigentliche Signal für den Hund herauszuarbeiten, da es als der einzig unverändert bleibende Reiz zum wichtigsten diskriminativen Reiz wird.

Unterscheidungslernen

Diskrimination erfordert, zwischen Reizen zu unterscheiden. Und auch das Lernen der in der Hundeausbildung üblichen Hör- und Sichtzeichen erfordert oft, dass der Hund lernt, zwei ähnliche Signale („Sitz" – „Platz") voneinander zu unterscheiden und entsprechend verschieden darauf zu reagieren. Zu diesem „**Unterscheidungslernen**" genannten Lernvorgang sind viele Untersuchungen durchgeführt worden, bei denen man herausgefunden hat, unter welchen Bedingungen er am günstigsten verläuft. Z.B. sollten Tauben lernen, für Futter nicht auf eine rote, sondern auf eine grüne Scheibe zu picken. Man kann der Taube zu diesem Zweck einfach eine rote und eine grüne Scheibe anbieten. Mit der Zeit wird sie von selbst herausfinden, dass nur das Picken auf die grüne Scheibe Erfolg bringt. Das Lernen ist auf diese Weise allerdings ziemlich stressig für die Taube, da sie besonders zu Anfang häufig Misserfolge hat. Wird ein Tier dann womöglich noch für die falsche Wahl bestraft, führt dies zu enormen Belastungen. Wenn die Unterscheidung schwierig für das Tier ist (es folglich nur selten belohnt wird), kann es negative Emotionen gegenüber der Aufgabe entwickeln. Es versucht dann oft, die ganze Aufgabe zu meiden. („Oh nein, nicht schon wieder ein Mathe-Test!"). Dies ist sogar dann der Fall, wenn nur über positive Verstärkung gelernt wird. Das „falsche" Signal gewinnt zudem die Qualität eines aversiven Reizes und das Tier fängt an, Meideverhalten ihm gegenüber zu zeigen. Die Tauben im Versuch wandten sich z.b. aktiv ab, wenn man ihnen eine rote Scheibe vorhielt. Aus solchen Beobachtungen hat man geschlossen, dass beim Unterscheidungslernen nicht nur das richtige Signal zum konditionierten positiven Verstärker wird, sondern dass zusätzlich das falsche Signal zu einer konditionierten negativen Strafe wird.

Es bedeutet daher sehr starken Stress, wenn man einem Hund Signale anbietet, die er nicht unterscheiden kann. Dasselbe gilt, wenn er gleichzeitig mehrere gut gelernte verschiedene Signale oder angeborene Auslöser angeboten bekommt, die gegensätzliche und unvereinbare Verhaltensweisen auslösen. Im Extremfall kann so ein Konflikt einen Hund sogar **neurotisch** machen. In einem Experiment brachte man z.B. Hunden bei, für Futter einen Kreis von einem Oval zu unterscheiden. Nach und nach machte man dann den Kreis immer länglicher und das Oval immer runder, bis der Punkt erreicht war, wo es dem Hund unmöglich wurde, einen Unterschied festzustellen. Dies führte bei den Hunden nicht selten zu einer Art „Nervenzusammenbruch". Sie zeigten alle Zeichen extremen Stresses (nervöses Hin- und Herlaufen, Hecheln, Winseln usw.) und konnten sich kaum wieder beruhigen. Nach einer Erholungspause von mehreren Tagen bot man ihnen wieder die ursprünglichen Formen zur Unterscheidung an, jedoch waren die Hunde nun nicht mehr in der Lage, die korrekte Unterscheidung zu machen. Die einmalige Überforderung hatte das bis dahin Gelernte vollständig „zusammenbrechen" lassen.

Ganz so dramatisch sind die Auswirkungen von unklaren oder einander widersprechenden Signalen in der Hundeausbildung zwar normalerweise nicht, aber Meideverhalten gegenüber der als allzu schwierig empfundenen Lernsituation und Stress bis hin zu kleinen „Nervenzusammenbrüchen" des Hundes kann man durchaus oft beobachten, wenn Hundeführer sich beim Training mit dem Hund ungeschickt verhalten. Besonders temperamentvolle oder etwa aufgrund von Sozialisierungsdefiziten wenig belastbare Hunde be-kommen z.b. schnell einmal „Bellanfälle", wenn ihr Mensch widersprüchliche Signale von sich gibt. Beim Agility kann man so etwas nicht selten beobachten, wenn Signal und Körpersprache des Hundeführers nicht übereinstimmen und der Hund für den dadurch unweigerlich aufgetretenen Fehler womöglich noch getadelt wird.

Zum Glück gibt es eine Methode, wie man Unterscheidungslernen so gestalten kann, dass es nahezu stressfrei abläuft, und zwar das so genannte **„fehlerfreie Unterscheidungslernen"**. Dazu erleichtert man anfangs dem Tier die Wahl, indem man das richtige Signal z.b. besonders groß und auffällig macht oder die ganze Situation so gestaltet, dass es mit großer Wahrscheinlichkeit auf Anhieb die richtige Wahl trifft. Über viele Wiederholungen nähert man dann die Qualität des „falschen" Reizes dem des „richtigen" allmählich an. Bei den Tauben begann man z.B. mit einer großen, hell erleuchteten grünen Scheibe im Zentrum des Versuchskäfigs und einer kleinen, dunklen roten Scheibe am Rande. Nach und nach rückte man die rote Scheibe immer näher an die grüne und machte sie heller und größer, bis schließlich beide Scheiben in gleichwertiger Reizqualität angeboten wurden. Die Tauben trafen auch bei dieser Versuchsanordnung am Ende zuverlässig die richtige Entscheidung, zeigten aber keinen Stress und kein Meideverhalten gegenüber dem falschen Signal. Analog kann man z.b. für einen Hund, der fürs Obedience lernen soll, das rechte oder linke von zwei Apportierhölzern zu bringen, die beiden Hölzer zuerst sehr weit auseinander legen und dann ganz allmählich im Laufe des Trainings immer näher zusammenrücken, bis der in der Prüfung verlangte Abstand erreicht ist.

Signalkontrolle in der Praxis

Der Weg zur Signalkontrolle ist im Prinzip immer gleich. Um die nötige Kontingenz und Kontiguität zwischen Signal und Verhalten gewährleisten zu können, muss der Mensch entweder wissen, wann genau oder in welcher Situation der Hund das gewünschte Verhalten sicher zeigen wird, oder er muss in der Lage sein, das Verhalten zuverlässig auszulösen. Nur dann kann er das Signal konsequent jeweils wenige Sekunden geben, bevor der Hund das Verhalten zeigt. Und nur so kann er verhindern, dass die Kontingenz dadurch verletzt wird, dass er mehrfach das Signal geben muss, ohne dass der Hund daraufhin auch das entsprechende Verhalten zeigt. Am Anfang der Ausbildung steht daher nicht das „Kommandieren", sondern das Training des gewünschten Verhaltens durch operante Konditionierung. Je nachdem, ob mit positiver oder negativer Verstärkung gearbeitet wird, geht das Training nun etwas unterschiedlich weiter.

Bei positiver Verstärkung wiederholt man die Abfolge Signal – Verhalten – Belohnung etliche Male, wobei man eventuell noch vorhandene Hilfen (z.B. übertriebene Körpersprache oder Lockmittel) nach und nach abbaut, bis der Hund auch auf das Signal allein reagiert. Es kann und sollte hier auch schon eine Generalisierung auf andere Orte und Situationen stattfinden. Der nächste Schritt besteht dann darin, dem Hund beizubringen, dass das Verhalten (zumindest in der Trainingssituation) nicht mehr belohnt wird, wenn er es zeigt, ohne dass zuvor das Signal gegeben wurde. Da zu erwarten ist, dass es bei diesem Unterscheidungslernen anfangs wiederholt zu Fehlern des Hundes kommen wird, ist es wichtig, dass der Hund vor diesem Lernschritt bereits auf Verstärkung in festem Verhältnis oder auf variable Verstärkung gebracht worden ist. Ansonsten könnte der Hund zu schnell aufgeben und die Extinktion so schnell einsetzen, dass das gesamte Verhalten gelöscht wird, ehe der Hund die Diskrimination gelernt hat.

Man gibt dann hin und wieder das Signal und verstärkt, wenn der Hund daraufhin das gewünschte Verhalten zeigt. „Bietet" er das Verhalten ohne vorheriges Signal an, ignoriert man dies oder markiert es, je nachdem wie gut der Hund mit Stress umgehen kann, eventuell sogar zusätzlich mit einer konditionierten negativen Strafe (also einem Signal für „Dies wird nicht belohnt!"). In diesem Stadium sollte für die Abfolge Signal–Verhalten erneut Immerverstärkung angewandt werden, um dem Hund die Unterscheidung zu erleichtern. Beim Delphintraining geht man davon aus, dass ein Verhalten dann unter Signalkontrolle ist, wenn der Delphin mindestens 30 Sekunden auf das Signal wartet, ohne in dieser Zeit das betreffende Verhalten spontan zu zeigen. In einer Trainingseinheit, die gewöhnlich eine rasante Abfolge von Kommunikation und Aktivität ist, sind diese 30 Sekunden schon eine kleine Ewigkeit.

Als Nächstes muss das Signal noch gegen andere, dem Hund bereits bekannte Signale „getestet" werden. Man gibt dazu das neu gelernte Signal gezielt im Wechsel mit altbekannten Signalen. Da auch dies beim `Hund einigen Anfangsfrust aufgrund von Verwechslungen hervorrufen wird, sollte auch diesem Trainingsschritt idealerweise eine Phase der variablen Verstärkung für das neue Signal vorangegangen sein. Während der Hund lernt, das neue Signal von bereits vorher gelernten Signalen zu unterscheiden, gibt es dann wieder jeweils Immerverstärkung für richtige Reaktionen. Falsche Reaktionen werden ignoriert oder mit der konditionierten negativen Strafe belegt.

Obwohl das alles relativ kompliziert klingt und meist erheblich mehr Zeit in Anspruch nimmt als das Beibringen des Verhaltens selbst, kann ein erfahrener Hund ein neues Signal unter optimalen Bedingungen innerhalb weniger Tage in seinen „Signalschatz" integrieren. In der Regel stehen ihm ja neben dem eigentlichen Signal auch noch andere diskriminative Reize wie Körpersprache des Menschen, die gesamte Situation oder beteiligte Gegenstände wie Hürden oder Apportierhölzer zur Verfügung.

Auch **bei negativer Verstärkung** sollte man sich zuerst vergewissern, dass der Hund auf die angewendeten aversiven Reize wie gewünscht reagieren wird, ehe man sie mit einem Signal verknüpft. Bei einem Leinenzug nach unten fürs Hinlegen wäre es z.b. ein Fehler, schon das Hörzeichen „Platz" zu verwenden, solange der Hund noch gegen den Leinenzug ankämpft. Dies würde zu Fehlverknüpfungen führen: der Hund assoziiert nicht das gewünschte Verhalten, sondern seine Versuche der Gegenkontrolle mit dem Signal. Sobald die gewünschte Reaktion regelmäßig ausgelöst werden kann, muss der Mensch jedes Mal, ehe er mit dem aversiven Reiz beginnt, das Signal geben, um dem Hund möglichst stressfreies Vermeiden zu ermöglichen. Wie bei der positiven Verstärkung werden auch hier zusätzliche Hilfen nach und nach abgebaut und die Übung auf alle erdenklichen Situationen und Umgebungen generalisiert. Es bleibt dabei aber bei Immerverstärkung, d.h. es muss dafür gesorgt werden, dass stets ein aversiver Reiz folgt, falls der Hund nicht auf das Signal allein reagiert.

Vorwegnehmen der Reaktion, ohne dass das eigentliche Signal gegeben wurde, oder Verwechslungen mit anderen Signalen kann der Hundeführer bei negativer Verstärkung löschen, indem er sie entweder mit einer sehr milden positiven Strafe („Nein!", Leinenzug o.ä.) belegt oder einfach verhindert. Wenn der Hund z.b. eine Bewegung des Menschen falsch interpretiert und ins „Platz" gehen will, obwohl er kein entsprechendes Signal bekommen hat, hindert der Mensch ihn mit der Leine daran, sich zu legen. Der Hund macht dann gezwungenermaßen die Erfahrung, dass kein aversiver Reiz folgt, wenn er auf diese Bewegung nicht reagiert, wodurch diese Reaktion mit der Zeit gelöscht wird.

Fazit

Signalkontrolle ist ein sehr komplexes und interessantes Thema. In der Hundeausbildung ist hier wohl die größte Fehlerquelle zu suchen. Sehr viele Ausbildungsprobleme gehen auf Mängel beim Training der Signalkontrolle zurück und nur allzu oft bekommt der Hund die Schuld, wenn durch unsauberen Umgang des Hundeführers mit den Signalen etwas schief gegangen ist: reagiert er nicht stets prompt und zuverlässig auf Kommandos, gilt er als stur oder aufsässig. Dabei hatte er vielleicht nie eine reelle Chance, den Menschen wirklich zu verstehen und ist darauf angewiesen zu raten, was von ihm verlangt wird. Wenn man mit Hunden zu tun hat, sollte man sich immer wieder bewusst machen, dass Signalkontrolle für den Hund schwer zu lernen ist und dass es für ihn durchaus nicht immer offensichtlich ist, welcher der vielen Reize nun das gültige Signal sein soll.

Weiterhin lernt der Hund, dass Gesten und Mimik des Menschen wichtige diskriminative Reize für ihn sein können. In der Ausbildung etabliert der Mensch manchmal Handzeichen oder andere Gesten als Signal. Parallel dazu verknüpft der Hund aber auch sehr viele unbewusste Gesten des Menschen als Signal und reagiert darauf oft besser als auf die bewusst gegebenen Hör- und Sichtzeichen.

Gute Signalkontrolle über einen Hund zu erlangen ist deshalb auch für den Menschen nicht leicht. Man muss sehr systematisch vorgehen und genau kontrollieren, was man selbst im Umgang mit dem Hund mit Händen, Körperhaltung, Stimme usw. eigentlich macht. Erfolgreiche Hundeausbildung erfordert daher zumindest auf höherem Niveau durchaus einen bewussten und kontrollierten Umgang mit dem eigenen Körper, fast so wie beim Tanzen oder Schauspielern. Gelegentlich kann es da sehr nützlich sein, sich filmen oder von einem anderen Hundefreund beobachten zu lassen. Hilfreich ist außerdem, schriftlich festzuhalten, wie der Hund eigentlich auf welche Signale reagieren soll und wie diese Signale genau gegeben werden müssen. Eine solche Beschreibung sollte so exakt sein, dass jemand anders damit die Signale so korrekt geben kann, dass der Hund sie auf Anhieb wiedererkennt und das Gewünschte ausführt.

Wichtig für die Signalkontrolle

► Eindeutige, immer gleichförmige und deutlich voneinander zu unterscheidende Signale verwenden.

► Sichtzeichen werden in der Regel leichter gelernt und besser wiedererkannt als Hörzeichen.

► »Technische" Geräusche werden in der Regel leichter als Signal gelernt und besser wiedererkannt als stimmliche Laute.

► Signal wenige (möglichst 0,5 bis 2) Sekunden vor dem Verhalten geben (Kontiguität).

► Für Kontingenz zwischen Signal und Belohnung sorgen: auf das Signal folgt eine Verstärkung für das signalisierte Verhalten, ohne Signal wird das Verhalten nicht verstärkt.

► Für Kontingenz zwischen Signal und Verhalten sorgen: auf das Signal folgt immer das entsprechende Verhalten.

► Das Signal vor anderen möglicherweise diskriminativen Reizen geben, um Überschattungen und Reizkombinationen zu vermeiden.

► Das Signal systematisch generalisieren (in möglichst vielen verschiedenen Varianten und Situationen trainieren).

► Das Signal systematisch gegen andere gelernte Signale „testen".

► Unterscheidungslernen möglichst so gestalten, dass der Hund fehler- und stressfrei lernen kann.

Know-how für das Training

Im Folgenden geht es sozusagen um das Handwerkszeug des Hundetrainings, nämlich um die praktische Umsetzung der in den vorigen Kapiteln dargelegten Gesetzmäßigkeiten des Lernens. Zunächst geht es dabei um Trainingstechniken, die vor allem dazu geeignet sind, dem Hund etwas Neues beizubringen. Dann folgen solche, mit denen man bereits erlerntes und ggf. störendes Verhalten verändern kann.

Arbeit mit einem positiven konditionierten Verstärker

Als positive konditionierte Verstärker werden normalerweise akustische Signale wie z.b. Hörzeichen oder Clicker verwendet, die den Vorteil haben, dass der Hund sie auch in einiger Entfernung zum Hundeführer (oder wenn er gerade von diesem wegschaut) wahrnimmt. Im Prinzip kann aber jedes eindeutige Signal dazu dienen, z.b. eine bestimmte Berührung oder ein optisches Signal wie etwa ein Handzeichen oder Lichtsignale mit einer Taschenlampe, wie sie sich bei tauben Hunden bewährt haben. Es ist auch durchaus möglich, mehrere konditionierte Verstärker zu haben.

Die Kraft des konditionierten Verstärkers hängt davon ab, welche Motivationsmittel (Belohnungen) dahinter stehen. Man kann sich das Ganze etwa wie einen Akku vorstellen, der durch die klassische Konditionierung aufgeladen wird. Folgen auf den konditionierten Verstärker keine Belohnungen mehr, wird seine Bedeutung wieder gelöscht. Auf einen konditionierten Verstärker, der zuverlässig eine Belohnung ankündigt, reagiert der Hund stärker als auf einen, auf den nur hin und wieder ein echter Verstärker folgt. Er wird sich nach dem zuverlässigeren konditionierten Verstärker auch mit größerer Sicherheit dem Hundeführer zuwenden, um seine Belohnung abzuholen – ein angenehmer Nebeneffekt, da beim Hundetraining eine Konzentration auf den Hundeführer meist erwünscht ist.

Die größte Motivation und die stärkste Reaktion bekommt man, wenn man den positiven konditionierten Verstärker zu einem „**Token**" (engl. = Zeichen, Ersatzgeld) macht, indem er für sehr verschiedene echte Verstärker steht, etwa wie ein Gutschein. Manchmal ist es sogar möglich, den Hund selbst wählen zu lassen, was er als echten Verstärker haben möchte. Dies entspricht etwa dem Geld bei uns Menschen: man kann dafür eintauschen, was man möchte.

Ein konditionierter Verstärker ist vor allem dann nützlich und wichtig, wenn ein Verhalten neu gelernt wird, da der Hund dann am meisten Informationen über den Erfolg seiner Bemühungen benötigt. Ist eine neue Übung gut gelernt und unter Signalkontrolle, geht es nur noch ums Aufrechterhalten der Motivation per Belohnung nach dem Zufallsprinzip. In diesem Stadium ist der konditionierte Verstärker überflüssig geworden. Er kann also im Laufe der Ausbildung problemlos entweder ganz weggelassen werden (der Hund bekommt den gelegentlichen echten Verstärker direkt) oder durch einen „weicheren" konditionierten Verstärker ersetzt werden, nach dem der Hund sowieso nicht mehr jedes Mal eine Belohnung erwartet.

Die Arbeit mit einem positiven konditionierten Verstärker hat enorme Vorteile, auch wenn einiges daran ein wenig gewöhnungsbedürftig erscheinen mag. Er ermöglicht nicht nur ein exaktes Timing, sondern auch das unmittelbare Verstärken einer Handlung, die der Hund in einiger Entfernung zum Hundeführer ausführt. Zudem kann der sich Zeit lassen, bis er dem Hund die tatsächliche Belohnung übergibt. Dadurch wird es wesentlich leichter, Lockmittel auszuschleichen und den Hund daran zu gewöhnen, auch dann zu arbeiten, wenn kein echter Verstärker zu sehen oder zu riechen ist.

Die Konditionierung

Die Bedeutung des konditionierten Verstärkers lernt der Hund am besten vor dem eigentlichen Training in Form von rein klassischer Konditionierung, und zwar auf folgende Weise:

▶ Unabhängig davon, was der Hund gerade tut, das Signal geben und ihm so rasch wie möglich eine positive Verstärkung folgen lassen. Meist reichen ca. 10 bis 20 Wiederholungen dieses Ablaufs.

▶ Das Signal sofort generalisieren, indem man bereits während der Konditionierung Ort, Körperhaltung, Tätigkeit des Hundes usw. variiert. Ansonsten könnte der Hund z.b. „glauben", dass der konditionierte Verstärker nur an einem bestimmten Ort „funktioniert".

▶ Um Überschattungen zu vermeiden, muss das Signal, das der konditionierte Verstärker werden soll, deutlich getrennt von anderen diskriminativen Reizen und vor diesen gegeben werden. Clickt man z.b. und greift gleichzeitig zur Leckerchentasche, wird das neue Clickgeräusch evtl. von der bereits vertrauten Handbewegung überschattet und nicht verknüpft.

▶ Darauf achten, nicht schon während der klassischen Konditionierung in einen Prozess der operanten Konditionierung zu geraten. Findet z.b. die gesamte Konditionierung statt, während der Hund sitzt und den Hundeführer anschaut (weil er Verstärker von diesem erwartet), wird der Hund meist eher seine Tätigkeit (Sitzen) mit den Belohnungen verknüpfen als das neue Signal.

▶ Ob der Hund die Bedeutung des konditionierten Verstärkers gelernt hat, kann man testen, indem man nach einigen Wiederholungen der Abfolge Signal – Verstärker das Signal gibt, wenn der Hund gerade vom Hundeführer wegschaut, und die Übergabe des Verstärkers ein wenig hinauszögert. Reagiert der Hund auf das Signal und erwartet offensichtlich einen Verstärker, ist die Konditionierung erfolgreich gewesen und das neue Signal kann und sollte ab da als positiver konditionierter Verstärker für die operante Konditionierung eingesetzt werden.

▶ Kommt keine Reaktion, das eigene Vorgehen überprüfen und mit der Konditionierung noch ein wenig fortfahren. Manchmal liegt eine ungenügende Reaktion nicht daran, dass der Hund die Bedeutung des Signals noch nicht begriffen hat, sondern dass er von der Umgebung stark in Anspruch genommen ist oder sich nur wenig für den angekündigten Verstärker interessiert. Hier helfen qualitativ bessere Belohnungen und weniger Ablenkung während der Konditionierung.

Der Einsatz des konditionierten Verstärkers

Bei der Verwendung eines positiven konditionierten Verstärkers muss man einiges beachten. Zunächst einmal sollte man ihn nie verwenden, um den Hund aufmerksam zu machen oder zu sich heranzurufen. Es wird ja immer genau das verstärkt, was der Hund in dem Moment zeigt, in dem er den konditionierten Verstärker wahrnimmt – also z.b. das Weglaufen oder -schauen vom Menschen. Verwendet man ein Hörzeichen als konditionierten Verstärker, ist so ein Missbrauch wohl selten, da man kaum auf die Idee kommt, dem Hund ein „Brav!" oder „Fein!" zuzurufen, wenn er etwas Unerwünschtes tut. Nimmt man als konditionierten Verstärker aber einen Clicker oder ein anderes neutrales Signal, das für uns Menschen keine Bedeutung hat, muss man sich manchmal an diese Regel erinnern: die Zuwendung des Hundes nach dem Click verstärkt den Hundeführer positiv und kann ihn daher gelegentlich dazu „verführen", auch dann zu clicken, wenn der Hund eigentlich gar nicht belohnt werden sollte.

Ungewohnt ist außerdem, dass der Hund normalerweise, direkt nachdem er den positiven konditionierten Verstärker wahrgenommen hat, sein Verhalten unterbricht, um sich sofort den echten Verstärker abzuholen. Er wird z.b. das Apportierholz wieder fallen lassen, nachdem man ihn mit dem konditionierten Verstärker soeben für das Aufheben des Holzes verstärkt hat. Er reagiert auf den konditionierten Verstärker eben genauso, als ob man ihm einen Ball oder ein Leckerchen vor die Nase hält. Dies irritiert manche Hundeführer so stark, dass sie sogar behaupten, man dürfe den Hund nie mitten in einer Übung loben oder belohnen und dadurch unfreiwillig in Kauf nehmen, ihre Belohnung kaum je im richtigen Moment anbringen zu können. Für den Erfolg der operanten Konditionierung ist es aber egal, was der Hund tut, nachdem er den konditionierten Verstärker wahrgenommen hat. Kam dieser im richtigen Moment, wurde damit auch das gewünschte Verhalten verstärkt und der Hund wird dazu neigen, es zu wiederholen. Die nachfolgende echte Belohnung wird im Prinzip nicht mehr gegeben, um das Verhalten zu verstärken, sondern um den konditionierten Verstärker immer wieder „aufzuladen". Natürlich kann es vorkommen, dass der Hund bei der Wiederholung der Aufgabe diese gelegentlich an dem Punkt abbricht, an dem beim vorigen Mal der konditionierte Verstärker kam. Da dann aber keine Verstärkung kommt, sterben solche Versuche des Hundes sehr schnell wieder aus.

Im Training kann man außerdem darauf hinwirken, dass der Hund bei länger andauernden Tätigkeiten nach dem konditionierten Verstärker weiterarbeitet. Dies sollte aber keinesfalls geschehen, indem man den Hund tadelt, wenn er das Verhalten abbricht, denn das macht den Effekt des positiven Verstärkers mindestens teilweise wieder zunichte. Stattdessen kann man z.b. beim „Platz-Bleib" den Hund mit dem durch den konditionierten Verstärker angekündigten Leckerchen oder Spielzeug wieder ins „Platz" locken, ehe man es ihm überlässt. Beim Bei-Fuß-Gehen lockt man den Hund durch Gesten o.ä. sofort wieder an die Seite, nachdem er seine Belohnung erhalten hat, und belohnt ihn sehr bald erneut, damit er begreift, dass die Übung nicht schon nach einer einzigen Verstärkung zu Ende ist. Es ist außerdem nützlich, wenn man den Hund allmählich daran gewöhnt, dass die echte Verstärkung nicht immer unmittelbar nach dem konditionierten Verstärker kommt, sondern manchmal auch erst mit einiger Verzögerung. Ist die erste Konditionierung erst einmal abgeschlossen, ist das problemlos möglich, indem man die Übergabe des Verstärkers jeweils um ein bis zwei Sekunden länger hinauszögert.

„Keep-going"-Signal

Eine weitere Möglichkeit, den Hund zwischendurch zu verstärken, ohne dass er sein momentanes Verhalten abbricht, ist außerdem die Verwendung eines Signals für „weiter so", im Englischen meist „Keep-going"-Signal genannt. Dieses Signal entspricht ungefähr dem „Warm, wärmer!" beim Topfschlagen-Spiel: es sagt dem Hund, dass er nahe dran ist, sich eine Belohnung zu verdienen. Dazu eignet sich z.B. ein schwächerer konditionierter Verstärker, auf den nur hin und wieder eine echte Belohnung folgt und der den Hund deswegen auch nicht so aufregt. Bricht der Hund nach dem „Keepgoing"-Signal sein Verhalten ab, kann man ihn daher auch mild tadeln (z.B. mit einer konditionierten negativen Strafe, einem Signal für „Dies wird nicht belohnt!") ohne ihn über Gebühr zu beeinträchtigen.

Ein „Keep-going"-Signal ist außerdem nützlich, um den Hund zu ermutigen, sich noch mehr anzustrengen. Macht der Hund eine Aufgabe zwar nicht ganz falsch, aber auch nicht so gut, dass man dafür einen echten Verstärker geben will (z.b. der Hund setzt sich zwar auf „Sitz", aber nur langsam oder sehr schief), ist ein solches Signal ebenfalls das Mittel der Wahl. Denn verwendet man in einem solchen Fall eine konditionierte negative Strafe, kann der Hund nicht wissen, auf welches Detail der Übung diese sich gerade bezieht, und wird vermutlich „glauben", das Hinsetzen als solches sei unerwünscht.

Unabsichtlich etablierte konditionierte Verstärker
Auch wenn der Mensch keinen positiven konditionierten Verstärker benutzen möchte – der Hund tut es auf alle Fälle! Denn er orientiert sich automatisch an Gesten, Worten oder Änderungen des Tonfalls und des Gesichtsausdrucks beim Hundeführer, die ihm Belohnungen ankündigen, wie z.b. ein Lächeln oder ein Griff nach der Leckerchentasche. Durch klassische Konditionierung werden solche Reize mit der Zeit zu konditionierten Verstärkern, die das Verhalten des Hundes ebenso beeinflussen wie ein absichtlich antrainierter und bewusst verwendeter konditionierter Verstärker. Man tut im Umgang mit dem Hund deshalb besser daran, ihm positive konditionierte Verstärker zu definieren, ehe er sich selbst welche heraussucht, die man weniger exakt oder sogar – da unbewusst – im völlig falschen Moment einsetzt.
Übrigens zählt auch ein Signal für „Genug, Übung beendet", das viele Hundeführer verwenden, zu den positiven konditionierten

Verstärkern. So ein „Okay" sollte daher möglichst nur in einem Moment gegeben werden, in dem der Hund etwas gut macht.

Verhalten „formen"

„Formen" (engl. = „**shaping**") bedeutet, dass man etwas Neues anfänglich in einer einfachen Ausführung übt und erst nach und nach in kleinen Schritten schwieriger macht oder ausbaut. Jeder dieser Teilschritte wird dabei wie eine einzelne Übung behandelt, also verstärkt und ggf. einige Male wiederholt, ehe man zur nächsten Stufe übergeht. Durch Formen kann man äußerst komplexe Verhaltensweisen beibringen, die ein Hund von sich aus nie spontan zeigen würde und zu denen man ihn auch durch Locken oder Zwang nicht auf Anhieb bringen könnte. Aber auch an sich einfache Bewegungen wie z.b. Hinlegen oder Hinsetzen kann man oft schneller oder problemloser bekommen, wenn man sie formt. Außerdem hilft Formen dabei, ein bereits gelerntes Verhalten zu einer Spitzenleistung zu verbessern.

Alle Hundetrainer, egal welche Methode sie verwenden, formen Verhalten, z.b. wenn sie die Bei-Fuß-Strecken allmählich verlängern oder bei einer Bleib-Übung zuerst nur wenige Schritte vom Hund weggehen. Formen kann jedoch noch mehr. Erstens hat es einige Regeln und Besonderheiten. Kennt man sie, kann man wesentlich mehr herausholen als bei dem allgemein üblichen Vorgehen und das Training wesentlich beschleunigen. Zweitens kann ein geschickter Trainer durch „freies" Formen (wie z.b. beim Clickertraining) erstaunliche Dinge erreichen. Dabei arbeitet man das Zielverhalten mit rein positiver Verstärkung und einem konditionierten Verstärker als einzigem Hilfsmittel aus dem Verhalten heraus, das der Hund von sich aus anbietet. Der konditionierte Verstärker ist dabei wesentlich, weil er durch exaktes Timing erlaubt, auch kleinste Details eines Bewegungsablaufs gezielt zu verstärken. Formen in diesem Sinne ist beinahe eine Kunst, für die neben Fachwissen und Erfahrung vor allem gute Tierkenntnis und Intuition erforderlich sind.

Beim Training über negative Verstärkung spielt Formen keine so große Rolle und besteht vor allem darin, den Schwierigkeitsgrad der Übung nur in vernünftigen Schritten zu erhöhen und den Hund schonend an die Aufgabe heranzuführen. Statt z.b. beim Hinlegen per Leinenzug nach unten gleich beim ersten Mal auf die Leine zu treten und den womöglich in Panik geratenen, heftig zappelnden Hund zu Boden zu zwingen, kann man einige Male gleichzeitig mit einem moderaten, allmählich stärker werdenden Leinenzug den Hund mit einem Leckerchen herunterlocken. Nach einigen Wiederholungen lässt man das Leckerchen weg, der Hund kennt jedoch schon die Prozedur und wird höchstwahrscheinlich nun ohne großen Kampf wie gewünscht auf den Leinenzug reagieren.

Im Folgenden die wichtigsten Regeln des Formens:

Im Voraus planen. Vor Beginn der Übungseinheit sollte man eine klare Vorstellung davon haben, was genau man erreichen möchte und in welchen Schritten man dahin kommen will. Dennoch sollte man flexibel bleiben und den Plan abändern, wenn es die Gegebenheiten erfordern.

Je kleiner die Schritte, desto schneller kommt man ans Ziel. Die Ansprüche sollten nur in so kleinen Schritten erhöht werden, dass der Hund sich sehr häufig Belohnungen verdienen kann. Hat er oft Misserfolg, drückt das nämlich auf die Motivation und kann sogar dazu führen, dass das Verhalten ganz „zusammenbricht" und man mit dem Formen noch einmal von vorn beginnen muss. Gerade bei den Bleib-Übungen machen Hundeführer hier häufig Fehler, indem sie immer wieder so weit vom Hund weggehen, dass dieser aufsteht. Gerade auch wenn ein Trainingsprozess ins Stocken geraten ist, sollte man versuchen, die Aufgabe in noch kleinere Teilschritte aufzuteilen, um die Klippe zu überwinden. Dies ist praktisch immer möglich. Bei einem Hund, der „Bleib" lernen soll, aber jedes Mal sofort aufsteht, sobald man auch nur einen Schritt von ihm weggeht, kann man z.B. mit einer winzigen Bewegung eines Fußes nach hinten beginnen. Einen Blick für solche minimalen Verbesserungen muss man aber erst entwickeln.

Nur an einem Detail der Übung zur Zeit arbeiten. Es ist wichtig, nicht zwei Aspekte der Übung gleichzeitig schwieriger zu machen, da das den Hund meistens überfordert und er dann auch nicht mehr genau erkennen kann, wofür er belohnt oder ggf. auch korrigiert wird. Bei Bleib-Übungen sollte man z.b. nicht gleichzeitig Dauer und Entfernung zum Hundeführer erhöhen. Oder wenn man möchte, dass der Hund lernt, gerade und schnell zu sitzen, konzentriert man sich zumindest in einer Übungseinheit besser nur auf eins der beiden Details und lässt das andere ganz außer Acht.

Während man an einem Detail arbeitet, verschlechtert sich das bisher Gelernte vorübergehend. Diese Tatsache verunsichert viele Hundeführer, da sie das Gefühl haben, der Hund würde immer schlechter. Die Verschlechterung ist aber nur vorübergehend. Der Hund hat das, was er schon konnte, nicht verlernt. Er ist nur so auf das neue Detail konzentriert, dass er nicht alles auf einmal bewältigen kann. Wir kennen das Phänomen auch bei uns selbst: die ersten selbstständigen Autofahrten nach dem Erwerb eines Führerscheins erfordern normalerweise so viel Konzentration, dass man sich nebenbei nicht unterhalten kann. Die „Fähigkeit", sich zu unterhalten, kehrt aber ohne weiteres Zutun wieder, wenn man mehr Übung beim Fahren hat. Auch beim Hund braucht man und sollte man, wenn er beim Steigern der Anforderungen anfangs Fehler macht, nichts weiter tun als ein Auge zudrücken und ihm Zeit lassen.

Bevor man zum nächsten Schritt übergeht, das bisher Gelernte gegen Extinktion festigen. Dies erreicht man dadurch, dass man von der Immerverstärkung zu einer geringeren Belohnungsrate übergeht. Evtl. reicht es schon, zwei- oder dreimal eine Verstärkung auszulassen. Es geht hier nur darum, sich zu vergewissern, dass das bisher Gelernte (z.b. eine bestimmte Entfernung beim Voranschicken) schon so weit gefestigt ist, dass der Hund nicht sofort aufgibt oder etwas anderes tut, wenn er beim Steigern der Anforderungen evtl. anfangs seltener belohnt wird oder mehr leisten muss als bisher. Die nächste Stufe wird dann zuerst wieder einige Male immerverstärkt. Das Verringern der Belohnungsrate hilft auch, eine stockende Übung voranzutreiben, da es oft dazu führt, dass der Hund sich mehr anstrengt.

Bei Problemen mit der Übung „zurück in den Kindergarten". Dieser bildliche Ausdruck stammt aus dem Clickertraining und bedeutet, dass man am besten das Formen noch einmal ganz von vorn beginnt und im Kurzdurchlauf alle bisher bewältigten Übungsschritte wiederholt, falls der Hund plötzlich nicht mehr in der Lage scheint, das bisher Gelernte auszuführen, z.b. wenn er beim „Platz-Bleib" immer wieder aufsteht, obwohl er die Übung in derselben Form schon oft fehlerlos ausgeführt hat. Ein solcher „Zusammenbruch" kann leicht einmal vorkommen, sei es durch momentane Überforderung, Ablenkung oder weil der Hund etwas vergessen hat. Auch wir Menschen müssen manchmal Vokabeln o.ä. nachlernen. Durch eine kurze Wiederholung des Trainingsprozesses bewältigt man das Problem gewöhnlich schnell und reibungslos.

Ein Verhalten erst dann unter Signalkontrolle bringen, wenn es eine klare Form angenommen hat. Geht es beim Formen nur darum, Dauer oder Schwierigkeitsgrad einer Übung (z.b. „Bleib") zu erhöhen, kann das eigentliche Formen auch nach dem Training der Signalkontrolle beginnen. Man sollte aber noch kein Signal einführen, solange das Verhalten noch nicht „fertig" ist (z.b. solange der Hund ein Apportierholz noch nicht hält, sondern sofort wieder fallen lässt), denn dies führt natürlich leicht zu Fehlverknüpfungen.

Zuletzt seien noch zwei Sonderfälle des Formens erwähnt. Der eine ist das so genannte **„Autoshaping".** Gegenstände, die der Hund aufgrund von klassischer Konditionierung mit Futter verknüpft, werden nämlich selbst zur „Zielscheibe" für futterorientiertes Verhalten wie z.B. Stupsen, Belecken und Beknabbern. Jeder Hundebesitzer kennt das übergroße Interesse des Hundes selbst für den leeren, schon mehrfach blank geleckten Futternapf. Auch die Neigung von Hunden, an der Jackentasche zu stupsen und zu knabbern, in der man die Leckerchen aufbewahrt, ist ein Beispiel für eine solche Übertragung. Belohnt man den Hund dann wieder mit Futter für solche Verhaltensweisen, kommt ein sich selbst beschleunigender Kreislauf in Gang, eben das „Autoshaping". Dieses erklärt vermutlich, warum sehr viele Hunde blitzschnell lernen, für Futterbelohnung mit der Nase an einen Gegenstand zu stupsen. Der Hundeführer kann das Phänomen nutzen, um einen spielunlustigen und an Gegenständen absolut desinteressierten Hund für eine Apportierhantel zu interessieren. Zeigt man die Hantel viele Male dem Hund und gibt ihm sofort danach Futter, wird ihr Anblick zu einem konditionierten Reiz, der futterorientiertes Verhalten ihr gegenüber auslöst. Dieses Belecken oder Anstupsen ist dann die Keimzelle, aus der man das Apportieren formen kann. Eine andere Anwendung besteht darin, den Hund gezielt auf bestimmte Körperteile des Hundeführers zu fixieren. So kann man z.B. starkes positives Interesse an den Händen erzeugen, wenn man den Hund oft aus der Hand füttert, oder ihn dazu bringen, dass er nach dem Heranrufen sehr eng vorsitzt, indem er bei dieser Übung seine Belohnung immer dicht an der Körpermitte bekommt. Eine weiterer Sonderfall des Formens ist das so genannte **Zeitfenster**. Man kann damit die Reaktion des Hundes auf ein bereits gelerntes Signal beschleunigen. Man verstärkt dazu den Hund nur dann, wenn er nach dem Geben des Signals innerhalb eines bestimmten Zeitraums reagiert. Nach und nach verkleinert man dann das Zeitfenster, bis es nur noch dann eine Belohnung gibt, wenn der Hund schnellstmöglich reagiert hat. Eine andere Variante besteht darin, dass man ein längeres Signal (z.B. ein gehaltenes Handzeichen oder einen Pfeifton) verwendet und nur dann belohnt, wenn der Hund das signalisierte Verhalten ausführt, solange das Signal noch „an" ist. Mit der Zeit wird das Signal dann immer kürzer, sodass der Hund sich mehr und mehr beeilen muss, um eine Belohnung zu bekommen.

Lockmittel

Unter einem Lockmittel versteht man in der Hundeausbildung alles, was geeignet ist, den Hund ohne Zwang zu einer bestimmten Reaktion zu bewegen. Futter oder auch ein Spielzeug kann z.B.

benutzt werden, um den Hund in die Sitz- oder Platzposition zu locken. Man kann auch ein Bringholz mit Futtergeruch präparieren, damit der Hund sich dafür interessiert. Aber auch Laute und Bewegungen, z.b. Quietschen, mit hoher Stimme rufen, übertriebene Körpersprache oder Wegrennen vom Hund, können in diesem Sinne als Lockmittel gelten. Locken dient dazu, das Formen zu beschleunigen oder in eine gewünschte Richtung zu lenken. Man kann auch manchmal durch Locken den Hund zu einer Leistung anregen, die er allein aus sich heraus vielleicht niemals anbieten würde, z.b. wenn man ihn mit einem vorgehaltenen Leckerchen dazu veranlasst, ein wackeliges Brett zu betreten, vor dem er eigentlich Angst hat.

Locken hat einige Vorteile. Zunächst einmal bekommt man den Hund meist viel schneller dazu, das gewünschte Verhalten zu zeigen, als mit anderen Mitteln. Da man auf Zwang verzichtet und der Hund meist schnellen und leichten Erfolg hat, ist das Lernen stressfrei. Ein Lockmittel kann man auch einsetzen, um den Hund bei starker Ablenkung wieder zu konzentrieren oder um ein Verhalten, das z.b. aufgrund von zu schnellem Abbau der Belohnungen „zusammengebrochen" ist, sehr schnell wieder herauszulocken. Nebenbei sorgt das Locken auch noch für eine Erhöhung der Motivation, da der Hund das Ziel seiner Bemühungen direkt vor sich sieht oder (im Falle von Bewegungen des Hundeführers) per Stimmungsübertragung beeinflusst wird.

Lockmittel haben aber auch gravierende Nachteile. Der Hund lernt unter Umständen kaum etwas, außer dem Lockmittel zu folgen (was er vermutlich sowieso schon konnte). Man kann sich das schnell klarmachen, wenn man sich vorstellt, was passiert, wenn man hinter einem anderen Auto her durch eine fremde Stadt fährt. Normalerweise könnte man danach nicht allein denselben Weg finden. Man war viel zu sehr darauf konzentriert, den vorausfahrenden Wagen nicht aus den Augen zu verlieren, um sich auch noch Wegmarken einzuprägen, zumal wenn man vorab gar nicht ahnte, dass man später den Weg auch allein fahren soll. Da der Reiz des Lockmittels oder der lockenden Bewegungen so offensichtlich ist, kommt es beim Arbeiten mit Lockmitteln auch sehr leicht zu Reizüberschattungen oder Reizkombinationen, denn die Anwesenheit des Lockmittels wird zum wichtigsten diskriminativen Reiz für den Hund. Zusätzliche Hör- und Sichtzeichen des Hundeführers werden oft völlig ausgeblendet. Dies ist der Grund, warum viele Hunde nur dann gehorchen, wenn man ihnen ein Leckerchen (Spielzeug) zeigt. Es ist daher ein wenig knifflig, Lockmittel wieder abzubauen.

Häufig wird der Fehler gemacht, ein Lockmittel Knall auf Fall wegzulassen, weil man davon ausgeht, dass der Hund die Übung jetzt kann. Damit nimmt man dem Hund seinen wichtigsten diskriminativen Reiz mit der logischen Folge, dass er das Verhalten nicht mehr ausführt. Leider wird dieses „Versagen" dann fälschlich als Widersetzlichkeit interpretiert und der Hundeführer greift erbost zu Mitteln der negativen Verstärkung. Andere Hundeführer sind nun in großer Versuchung, das Lockmittel erneut zu benutzen, denn der Mensch wird durch die wesentlich bessere Reaktion des Hundes in Anwesenheit des Lockmittels positiv verstärkt. Dieser Mechanismus kann leicht dazu führen, dass der Hund seinen Menschen „erpresst" („Erst zeigst du mir die Belohnung, vorher tue ich gar nichts!") und der Hundeführer das Lockmittel viel zu lange beibehält. Ein allzu langes Beibehalten von starkem Locken ist aber kontraproduktiv. Nicht nur wird dadurch erschwert, diese Hilfe später doch noch abzubauen – der Hundeführer zeigt dem Hund sozusagen mit dem Lockmittel auch das geöffnete Los (nämlich die Belohnung, die er bekommen wird, falls er wie gewünscht reagiert), sodass es kaum möglich ist, auf Verstärkung nach dem Zufallsprinzip überzugehen, solange man noch sehr deutliches Locken verwendet. Außerdem hält allzu viel Arbeiten mit Lockmitteln den Hund auch passiv, ähnlich wie allzu viel Zwang. Er wartet dann einfach nur darauf, dass der Hundeführer ihm genau vorgibt, was er zu tun hat, und zeigt keine Eigeninitiative mehr. Darüber, ob eine solche Passivität als Vor- oder Nachteil anzusehen ist, gibt es jedoch durchaus geteilte Meinungen.

Um möglichst konstruktiv mit einem Lockmittel zu arbeiten und in keine der oben aufgeführten „Fallen" zu tappen, ist Folgendes wichtig:

1. **Das durch ein Lockmittel hervorgerufene Verhalten muss verstärkt werden.** Ein Lockmitteleinsatz dient nur dazu, ein bestimmtes Verhalten des Hundes hervorzurufen, damit man es dann verstärken kann. Wird das Verhalten wieder und wieder ausgelöst, aber nicht oder nicht oft genug belohnt, stirbt es mangels Verstärkung sehr bald wieder aus. Ja, mehr noch: auch das Interesse am Lockmittel kann dann durch Gewöhnung gelöscht werden. So etwas kann man häufig beobachten, wenn Hundebesitzer ihren Welpen durch hohe Stimme, in die Hände klatschen und in die Hocke gehen zu sich „rufen", das Kommen aber nicht zusätzlich positiv verstärken. Schon nach wenigen Wochen kümmert sich der Hund kaum noch um die „Faxen" seiner Menschen und das Kommen auf Ruf klappt auch nicht mehr.

2. **Nicht zu lange mit Lockmittel arbeiten.** Das erschwert nur das spätere Ausschleichen der Hilfen, denn diese werden mehr und mehr als diskriminativer Reiz etabliert.

3. **Signal und Locken zeitlich trennen.** Zuerst sollte das Signal kommen, ein bis zwei Sekunden später wird das Lockmittel gezeigt oder mit dem entsprechenden Stimm- und Bewegungseinsatz begonnen. Auf diese Weise wird das Signal zum diskriminativen Reiz. Der Hund beginnt irgendwann, das gewünschte Verhalten schon auf das Signal hin zu zeigen und sollte dann vor allem die ersten Male fürstlich belohnt werden (Jackpot!).

4. **Das Lockmittel schrittweise abbauen.** Benutzt man einen Gegenstand (Futter oder Spielzeug) als Lockmittel, kann das Ausschleichen damit beginnen, dass man diesen Gegenstand weiter vom Hund entfernt handhabt. Man kann den Hund auch einige Male „täuschen": man steckt den Gegenstand unauffällig ein und benimmt sich weiter so, als hätte man ihn noch in der Hand. Hat der Hund das Gewünschte ausgeführt und bemerkt enttäuscht, dass der Gegenstand gar nicht da ist, holt man ihn blitzschnell heraus und gibt ihn als Belohnung. Später nimmt man den Gegenstand nur kurz, dann immer länger außer Sicht, bis er als Beloh-

„Targets" sind vielseitig einsetzbar.
Hier dient eine Fliegenklatsche als
Ziel fürs Voranschicken.

„Männchen machen" durch stupsen an einen „Target-Stick".

Mit einem „Target" kann man den Hund auch gut beim Hindernisklet-
tern lenken.

Über positive Verstärkung und Lockmittel (Leckerchen in der Hand) trainierter Hovawart in lockerer, aufmerksamer und fröhlicher Haltung bei Fuß.

Über Clickertraining (Click & Belohnung für Blickkontakt) antrainiertes freudiges „Fuß". Zusätzlich zu sehen: übertriebene Körpersprache, die dem Hund anzeigt, daß ein Winkel gegangen wird.

Über „Ruck & Lob" trainierte, eher lustlos wirkende Hunde bei einer Gruppen-übung.

nung praktisch ganz in der Tasche verschwindet. Gelegentlich kann man auch übergangsweise den Gegenstand zwar noch zur Motivation in Sichtweite lassen, aber nicht mehr direkt zum Locken benutzen. Stimme oder Körpersprache wie Wegrennen, Juchzen oder übertriebene Gesten baut man ab, indem man sie entweder nach und nach abschwächt oder zuerst für kurze Momente, später immer länger weglässt (z. b. Reden beim Bei-Fuß-Gehen). Manchmal kann man solche Lockmittel auch ausschleichen, indem man immer später damit einsetzt (z. b. beim Heranrufen erst dann mit einem Spielzeug winken, wenn der Hund schon ein Stück herangekommen ist).

5. Bei jedem Schritt des Abbauens das Verhalten vorübergehend wieder öfter verstärken. Idealerweise setzt man die vorige Stufe des Ausschleichens zuerst auf Verstärkung in festem Verhältnis und verwendet vorübergehend wieder Immerverstärkung, nachdem man zur nächsten Stufe übergegangen ist. Um vorübergehende Verschlechterungen sollte man sich dabei nicht kümmern (siehe Seite 125). Das Entfernen des Lockmittels wird so zum diskriminativen Reiz, der dem Hund sagt, dass er mehr Belohnungen bekommt, also zu einem positiven konditionierten Verstärker. Es wäre fatal, wenn das Gegenteil passiert (das Entfernen des Lockmittels wird zur negativen konditionierten Strafe).

„Targeting" (Zieltraining)

Das „**Target**" (engl. = Ziel) ist ein Objekt, das man entsprechend einem Lockmittel einsetzt, nachdem man dem Hund beigebracht hat, dass er es für eine Belohnung mit der Nase (manchmal auch mit der Pfote) berühren soll. Dies lernen die meisten Hunde erstaunlich schnell und gern durch freies Formen unter Verwendung eines konditionierten Verstärkers. Übliche „Ziele" sind die Faust des Hundeführers, das Ende eines Stöckchens („**Target-Stick**") oder ein Button, den man überall befestigen kann. Indem man das Target dahin bewegt, wo der Hund sich hinbewegen soll, kann man ihn sozusagen „an der Nase herum führen" und ebenso wie mit einem

Spielzeug oder einem Stückchen Futter in der Hand zu bestimmten Bewegungen veranlassen.

Einige Beispiele: ein in den Boden gestecktes Stöckchen als Ziel fürs Voranschicken. Ein in der Hand gehaltenes Stöckchen, um einen Hund ins „Bei Fuß" oder „Platz" oder durch den Agility-Slalom zu locken. Ein Button, der mit der Pfote berührt wird („**Pfotentarget**"), um das korrekte Betreten der Kontaktzone oder das Betätigen der Flyball-Maschine beizubringen. Stupsen an die Faust als Mittel, „Bei Fuß" zu trainieren.

Das Target hat gegenüber einem „echten" Lockmittel den Vorteil, dass sich dadurch häufig übertriebene Körpersprache des Hundeführers, die besonders leicht zum unerwünschten diskriminativen Reiz wird, erübrigt (z.b. das Herabbeugen, wenn man einen kleinen Hund mit einem Leckerchen in der Hand ins „Bei Fuß" lockt). Hunde generalisieren das Berühren des Targets auch leicht und begreifen z.b. schnell, dass sie Dinge, die man mit dem Target-Stock berührt hat, ebenfalls anstupsen sollen. Außerdem zieht ein Target offenbar nicht so viel Aufmerksamkeit von der eigentlichen Aufgabe ab wie Futter, Spielzeug oder Bewegungen. Jedenfalls ist es erfahrungsgemäß wesentlich leichter, Targets auszuschleichen als echte Lockmittel. Das Vorgehen entspricht dem Abbau des Lockens. Das Target wird immer kleiner und unauffälliger gemacht, weiter vom Hund entfernt gehalten oder nur noch kurz gezeigt.

Zwang

Zwang ist ebenso wie Locken eine Möglichkeit, den Hund dazu zu bringen, dass er etwas tut, was er von sich aus sonst nicht getan hätte, bzw. eine Reaktion schneller zu bekommen. Zwang bedeutet, dass man den Hund (auch gegen seinen Willen) von außen durch mechanische Einwirkung, z.B. mit den Händen oder der Leine, zu etwas bringt. Es macht Sinn, Zwang einzuteilen in „**aktiven**" Zwang (der Hund wird dazu gebracht, eine ganz bestimmte Bewegung auszuführen oder eine ganz bestimmte Position beizubehalten) und „**passiven**" Zwang (der Hund wird davon abgehalten, etwas

Bestimmtes zu tun). Zwang in diesem Sinne ist es auch, wenn man den Hund an der Leine führt, durch einen Zaun daran hindert, wegzulaufen, oder an einer Mauer entlang mit ihm Bei-Fuß-Gehen übt, damit er nicht seitlich abweichen kann.

Aktiven Zwang kann man noch einmal unterscheiden in „schwachen" Zwang (es wird nur gerade so viel Kraft oder Druck aufgewandt, wie nötig ist, um den Hund zur gewünschten Handlung zu bewegen) und Starkzwang (es wird absichtlich eine Einwirkung benutzt, die dem Hund sehr unangenehm ist). Besonders in letzterer Form ist Zwang ein negativer Verstärker. „Druck" würde ich dann psychischen Zwang nennen, nämlich die Androhung von Zwang: der Hund weiß aus Erfahrung, dass unter bestimmten Umständen Zwang angewandt wird.

Zwang hat einige wenige Vorteile, die etwa denen des Lockens entsprechen: man kann den Hund dadurch schneller zu bestimmten Reaktionen bringen und das Verhalten auch in Situationen vom Hund erzwingen, in denen er es sonst, z.b. aufgrund von starker Ablenkung, nicht zeigen würde. Zwang funktioniert zudem auch, wenn der Hund durch Mittel der positiven Verstärkung nicht zu motivieren ist. Ob man in so einer Situation von Zwangsanwendung aber einen Nutzen hat, ist fraglich. Ein Hund, der sich nicht mehr wie sonst positiv motivieren lässt, steht vermutlich unter Stress und sein Lernvermögen ist mehr oder weniger blockiert. Und Hunde, die sich vom Typ her insgesamt nur schwer mit Belohnungen motivieren lassen, ertragen meist auch Zwangsmaßnahmen eher schlecht.

Den wenigen Vorteilen stehen viele Nachteile gegenüber. Da Zwang über negative Verstärkung wirkt, hat er auch alle Nachteile, die eine solche hat: der Hund kann in Stress geraten oder versuchen sich zu wehren oder zu entziehen. Hat er damit Erfolg, erreicht man das Gegenteil von dem, was man beabsichtigt hat. Wenn man versucht, den Hund zu etwas zu zwingen, was er partout nicht will, gerät er in einen großen Konflikt und kann sehr erregt werden. In manchen Situationen wirkt diese allgemeine Erregung sogar verstärkend auf das Verhalten („Wehren stärkt das Begehren"). Verwendet man nur schwachen Zwang, vermeidet man diese Nachteile weitgehend. Aber viele Hunde hassen auch schwachen Zwang und werden dadurch mürrisch und lustlos. Zudem fehlt bei schwachem Zwang die Motivation. Das Lernen entspricht dann dem Auswendiglernen von Bewegungen und Bewegungsabfolgen (wie motorisches Lernen), ist sehr langweilig und dauert lange.

Andere gravierende Nachteile teilt Zwang mit der Technik des Lockens: die Einwirkungen werden nur allzu leicht unabsichtlich zu Hauptsignalen für den Hund, sodass es schwer ist, sie wieder auszuschleichen. Mehr noch als übermäßiger Lockmitteleinsatz macht viel Zwang den Hund insgesamt passiv, denn er lernt durch (schwachen) Zwang eigentlich nicht, selbst etwas zu tun, sondern vor allem, sich manipulieren zu lassen. Im Prinzip gelten denn auch alle im Abschnitt „Lockmittel" aufgeführten Tipps zum konstruktiven Umgang mit Lockmitteln für den Einsatz von schwachem Zwang in der Hundeausbildung.

Bei all diesen Nachteilen stellt sich die Frage, ob man in der Hundeausbildung auf aktiven Zwang verzichten kann. Die Antwort lautet eindeutig „Ja". Ohne passiven Zwang kommt wohl keine Ausbildungsmethode aus. Auch der Trainer, der ausschließlich über positive Verstärkung arbeitet, muss seinen Hund manchmal an die Leine nehmen oder sonst wie daran hindern, sich selbst zu belohnen, indem er sich z.B. der Belohnungen bemächtigt oder einer Katze nachjagt. Darüber hinaus gibt es – außer vielleicht bei starkem Zwang, falls man mit negativer Verstärkung arbeiten will – nur wenige Bereiche, in denen Zwang wirklich nützlich ist. Zwang in Maßen kann z.B. dazu beitragen, gegenüber einem jungen Hund die Dominanz des Menschen klarzustellen. Auch erwachsene Hunde oder Wölfe lehren ihre Welpen (unabsichtlich) durch raues Spiel, dass sie ihnen körperlich absolut überlegen sind. Diese frühe Erfahrung trägt sicherlich dazu bei, dass sich die Nachkommen den älteren Tieren meist auch dann noch unterordnen, wenn sie selbst schon erwachsen sind. Einige wenige Übungen in freundlicher Stimmung, bei denen passiver oder schwacher aktiver Zwang verwendet wird, wie z.B. den Welpen ab und zu auf den Rücken zu drehen oder einfach festzuhalten, bis er sich fügt, können dasselbe in der Beziehung Mensch-Hund leisten.

Eine kniffligere sinnvolle Anwendung kann darin bestehen, reflexartige Gegenreaktionen des Hundes zu nutzen. Z.B. stemmen sich viele Hunde gegen einen mäßigen Druck auf den Rücken. Diese Reaktion kann man negativ, aber auch positiv verstärken und so das Stehen beibringen. Blindenführhunde werden manchmal mit dem Geschirr gegen einen Abgrund geschoben und dann dafür belohnt, dass sie reflexartig versuchen, dagegen anzugehen. Man kann u.a. so trainieren, dass der Hund ein Signal des Blinden aktiv verweigert, wenn es gefährlich wäre, es zu befolgen. Sogar die allgemeine Er-regung und damit einhergehende Verstärkung des Verhaltens, die durch einen starken Konflikt zwischen Zwang und Neigung ausgelöst wird, nutzen manche Trainer ganz bewusst, z.b. in der Schutzhundausbildung (so genannter „aktivierender Zwang").

Verketten

Eine **Verhaltenskette** besteht aus einer immer gleichen Abfolge von einzelnen Handlungen. Besonders im Hundesport kommen solche Ketten häufig vor. Bei einer Übung aus der Begleithundeprüfung wird der Hund z.b. aus dem Bei-Fuß-Gehen ins „Platz" geschickt, der Hundeführer geht weiter, dreht sich um, wartet und ruft den Hund dann. Der Hund kommt und setzt sich vor den Hundeführer. Auf ein weiteres Hörzeichen setzt er sich wieder neben den Hundeführer.

In einer Verhaltenskette ist das Signal für das nächste Verhalten immer auch gleichzeitig ein konditionierter Verstärker für das vorangegangene Verhalten. Das erreicht man, indem man die Kette rückwärts aufbaut und nur das zuletzt gezeigte Verhalten (sich neben den Hundeführer setzen) belohnt. Nach und nach kommt dann ein weiteres „Kettenglied" dazu. Der Hund arbeitet so vom noch eher Unbekannten ins Bekannte und auf die mit der Belohnung verknüpfte Endhandlung zu.

Verhaltensketten haben einen Haken: das Verhalten am Beginn der

Kette neigt aufgrund des „Montagmorgeneffekts" dazu, sich zu verschlechtern, weil der Hund aus Erfahrung weiß, dass die ersten Ket-
tenglieder sowieso nie belohnt werden. Zudem versucht er meist
früher oder später, die Kette abzukürzen, um möglichst schnell an
die Belohnung zu kommen. Er lässt also einige Glieder aus oder
nimmt sie vorweg (zeigt das Verhalten schon, ehe das Signal dafür
gegeben wurde). Möchte man dies verhindern, muss man gelegentlich alle Teilstücke der Kette belohnen oder die Kette auseinander nehmen. Dazu übt man die einzelnen Teile meist getrennt oder
in verschiedener Reihenfolge und setzt sie nur gelegentlich in der
angestrebten Form zusammen, sodass für den Hund kein Schema
zu erkennen ist.

Die typische Neigung zum Abkürzen der Kette kann man übrigens
manchmal auf sehr elegante Weise nutzen, um Problemverhalten
des Hundes in den Griff zu bekommen. Wenn man dafür sorgt,
dass das unerwünschte Verhalten Teil einer ritualisierten Kette
wird, besteht eine reelle Chance, dass der Hund nach einer Weile
auch diese Kette abkürzt und das unerwünschte Verhalten über-
schlägt. Beispiel: ein Hund, der jedes Mal wütend bellend zur Tür
stürzt, wenn geklingelt wurde, wird danach abgerufen und großzügig belohnt. Zuerst wird er nur schlecht und widerwillig auf Ruf
kommen und vermutlich kann man ihn erst abrufen, nachdem er
schon eine Weile gebellt und sich seine Erregung schon etwas
gelegt hat. Wiederholt sich die Sache, ist es aber immer leichter und
früher möglich, ihn heranzurufen, und schließlich beginnt er, nach
dem ersten halbherzigen „Wuff" oder sogar schon vorher von selbst
zum Menschen zu laufen, um sich seine Belohnung abzuholen.

Ablenkungstraining

Ziel einer Ausbildung und Erziehung des Hundes ist normalerweise, dass er das Gelernte in allen möglichen Situationen zuverlässig
ausführt. Dafür ist eine umfassende Generalisierung und Diskri-
minierung der Signale nötig. Zusätzlich hat man es im Alltag noch
mit massiver Ablenkung zu tun, die meist in Form von konkurrie-

render Motivation auftritt: allerlei Umweltreize (Eichhörnchen, andere Hunde, interessante Gerüche usw.) verlocken den Hund, etwas Lohnenderes zu tun, als das Signal des Hundeführers zu befolgen. Ablenkung kann natürlich auch in Form von Dingen auftreten, die dem Hund unangenehm sind oder ihm Angst machen (Regenwetter, Schießlärm, ein Mensch oder Artgenosse, vor dem er sich fürchtet, usw.). Der Konflikt beim Ablenkungstraining entspricht aus Sicht des Hundes einer Situation, in der er zwei gegensätzliche Signale bekommt. Durch systematisches Training kann man den Hund dazu bringen, erstaunlich vielen dieser störenden Einflüsse zu widerstehen, sich also gegen das „Signal" aus der Umwelt und für das Signal des Menschen zu entscheiden. Und dies ist durchaus auch auf der Basis von rein positiver Verstärkung (und zusätzlich ggf. passivem Zwang) möglich, wenn man wie beim fehlerfreien Unterscheidungslernen (siehe Kapitel „Signalkontrolle", Seite 111) die Übungssituation anfangs so arrangiert, dass der Hund mit großer Wahrscheinlichkeit die richtige Wahl trifft, und die Schwierigkeit dann allmählich erhöht.

Grundlage dafür, dass das auch bei großen Verlockungen aus der Umwelt funktioniert, ist zum einen die Macht der Gewohnheit, zum anderen das so genannte „**Matching Law**". Vor die Wahl gestellt, einer Tätigkeit nachzugehen, die große, aber seltene und erst nach einer Wartezeit „ausgelieferte" Belohnungen bringt, oder einer solchen, für die man zwar nur kleine, aber häufige und sofortige Belohnungen bekommt, werden Tiere in der Regel die zweite Tätigkeit wählen. Die Gültigkeit des „Matching Laws" erweist sich oft auch bei Menschen und erklärt z.B., warum es so schwer fällt, Geld für einen größeren Wunsch zurückzulegen.

Ablenkungstraining erfordert viel Zeit und Mühe. Zum Glück generalisiert der Hund aber auch die Fähigkeit, zu diskriminieren und zu generalisieren, und überträgt alles Gelernte immer besser und schneller auf neue Situationen und Ablenkungssituationen, je mehr Erfahrung er hat. Zudem wird er umso „klüger", je mehr verschiedene Dinge er schon gelernt hat. Auch lernen will eben gelernt sein ...

Folgende Dinge können beim Ablenkungstraining nützlich sein:
► Neue Übungen und Übungsvarianten beginnt man grundsätzlich bei geringer Ablenkung. Klappt es so weit, generalisiert man die Übung auf andere, aber ebenfalls eher ruhige Orte und Situationen. Erst danach führt man Ablenkungen in allmählich zunehmendem Schwierigkeitsgrad ein. Dies kann z.b. geschehen, indem man in einem großen Abstand zur Quelle der Ablenkung beginnt und sich immer näher herantastet oder indem man mit einem schwachen ablenkenden Reiz beginnt und diesen langsam steigert.

► Jede Steigerung der Schwierigkeit oder Veränderung der Übung sollte so allmählich erfolgen, dass der Hund es ganz überwiegend richtig macht. Trotzdem muss man bei jeder Steigerung der Ablenkung oder Änderung von Ort und Situation mit vorübergehenden Verschlechterungen in der Ausführung rechnen. Ggf. macht man die Übung an sich anfangs wieder einfacher, indem man z.b. den Abstand bei Bleib-Übungen verringert. Vor allem wenn der Hund wiederholt denselben Fehler macht, sollte man mit den Anforderungen sofort wieder so weit zurückgehen, dass es wieder klappt, damit sich der Fehler gar nicht erst fest einprägt.

► Bei jeder Steigerung der Schwierigkeit geht man vorübergehend wieder auf Immerverstärkung über. Belohnt werden gerade bei den ersten Versuchen unter einer neuen Ablenkung schon Ansätze zum gewünschten Verhalten, ganz so, als wäre der Hund noch Anfänger. Tatsächlich wird er durch Veränderungen und steigende Anforderungen immer wieder in einen Anfängerstatus zurückgeworfen. Daher ist es auch statthaft, vorübergehend wieder Anfangshilfen wie Lockmittel oder sanften Zwang zu verwenden.

► Es kann helfen, die Motivation durch attraktivere Belohnungen als sonst und ggf. zusätzlich eine gewisse Deprivation zu steigern.

► Stehen schwierige Übungen an, sollte man ferner für günstige Gegebenheiten sorgen. Will man z.B. in der Nähe von spielenden Artgenossen üben, ist das leichter, wenn der Hund sich zuvor ordentlich ausgetobt hat. Ansonsten ist es allerdings auch wichtig, Übungen immer wieder in den Alltag einzuflechten und sie auch ohne besondere Vorbereitung „abzufragen", damit der Hund nicht aufgrund von Reizkombinationen nur innerhalb einer deutlich erkennbaren Trainingssituation auf die Signale reagiert.

▸ Durch passiven Zwang und notfalls auch einmal durch positive Strafe muss man den Hund daran hindern, sich für unerwünschtes Verhalten (z.b. eigenmächtiges Unterbrechen einer Bleib-Übung) selbst zu belohnen, indem er sich der konkurrierenden Motivation widmet. Strafe sollte aber nur selten verwendet werden, da sie zu großem Stress und sogar zu einer Steigerung des Interesses an der konkurrierenden Motivation führen kann (siehe Kapitel „Bestrafung und negative Verstärkung", Seite 70).

▸ Nach dem Premack-Prinzip kann man dem Hund als Belohnung für die korrekte Ausführung von Signalen trotz Ablenkung auch ggf. Zugang zur Quelle der Ablenkung gewähren. Er muss z.b. erst „Sitz" machen, ehe er abgeleint wird und mit den anderen Hunden spielen darf. Dies ist ein gutes Mittel, dem Hund klarzumachen, dass Gehorsam nichts ist, was ihn von den schönen Dingen des Lebens fern hält, sondern im Gegenteil der beste Weg, Zugang zu eben diesen Dingen zu bekommen. Funktionieren kann das natürlich nur, wenn man den Zugang des Hundes zu den Annehmlichkeiten kontrollieren kann.

Trainingseinheiten gestalten

Es lohnt sich, die Übungseinheiten mit dem Hund ein wenig zu planen, vor allem wenn man zügig ein bestimmtes Ziel erreichen will. Vor einem gezielten Training sollte man den Hund in eine passende Motivationslage versetzen. Je nachdem kann dies heißen, dass man ihn depriviert oder im Gegenteil dafür sorgt, dass er eher „gesättigt" ist. Mit einem ausgehungerten Beagle und Fleischwurst als Belohnung „Platz-Bleib" zu üben, könnte z.b. schief gehen. Ein kleines vorbereitendes Ritual (Instruktionsreiz, siehe Kapitel „Signalkontrolle", Seite 108) ist nützlich, um den Hund aufs Training einzustimmen. Es kann zu diesem Zweck auch sinnvoll sein, Spielplatz und „Arbeitsplatz" räumlich zu trennen, sodass schon der Ort den Hund entsprechend einstimmt.

Man kann durchaus mehrere verschiedene Übungen innerhalb desselben Zeitraums beibringen. Nur eine einzige Übung zur Zeit durchzunehmen (zwei Wochen „Sitz", zwei Wochen „Platz" usw.), wäre langweilig und könnte dazu führen, dass der Hund einseitig wird. Andererseits sollte man es – zumindest bei einem Anfänger-Hund – vermeiden, mehrere einander sehr ähnliche Übungen (z.B. „Sitz" und „Platz") direkt hintereinander innerhalb einer Trainingseinheit zu üben. Einfacher ist es, man trainiert solche Übungen anfangs zeitlich oder räumlich voneinander getrennt. Das verringert die Gefahr von Verwechslungen und unnötiger Verwirrung beim Hund. Man kann aber ein und dieselbe Übung ruhig in mehreren Varianten durchnehmen und dadurch sozusagen an mehreren Fronten gleichzeitig arbeiten (z.B. beim „Sitz-Bleib" einmal üben, die Dauer zu erhöhen, und in einer anderen Übung Ablenkung dazunehmen).

Es empfiehlt sich außerdem, eher passive Übungen („Bleib") mit eher aktiven („Hier" oder „Fuß") abzuwechseln, damit der Hund weder allzu ruhig noch allzu aufgedreht wird.

Wie viele Wiederholungen ein und derselben Übung möglich sind, ist je nach Hund und Übung sehr verschieden. Im Idealfall wiederholt man so oft, bis das Ziel erreicht ist, das man sich für die Übungseinheit vorgenommen hat, oder der Hund sonst wie eine besonders gute Leistung gezeigt hat, und geht dann zu einer anderen Übung über. Dies ist jedoch nicht immer möglich. Es ist wichtig, flexibel zu bleiben und den Übungsplan sofort anzupassen, wenn man merkt, dass das Ziel diesmal nicht erreichbar ist oder es notwendig wird, Fehler anzugehen, die sich gerade entwickeln. Eine gerade erstmals gelungene neue Übung aus lauter Begeisterung noch mehrfach wiederholen zu wollen, ist meist falsch. Der Erfolg ist selten zu halten, Frust stellt sich bei Trainer und Hund ein.

Die Dauer der gesamten Übungsstunde hängt von der eigenen Konzentrationsfähigkeit und der des Hundes ab, außerdem davon, wie lange man ihn motivieren kann. Beides trainiert sich, sodass man mit erfahrenen Hunden durchaus auch einmal länger am Stück üben kann. Anfangs dürften aber wenige Minuten ausreichen. Aufhören sollte man immer, solange die Motivation noch hoch ist. Merkt man, dass der Hund in Stress gerät, die eigene Laune kippt oder man ungeduldig wird, sollte man auf alle Fälle aufhören, ehe man bleibenden Schaden anrichtet. Nicht nur das Durchnehmen einer einzelnen Übung, sondern auch die ganze Übungsstunde sollte möglichst mit einem Highlight, zumindest aber mit einer gelungenen Übung enden, auch wenn es dazu nötig ist, eine bereits bekannte und sehr einfache Übung ausführen zu lassen. Das zuletzt Erlebte bleibt am meisten im Gedächtnis und sollte deshalb etwas Angenehmes sein. Man darf auch nicht vergessen, den Hund am Ende der Trainingseinheit gewissermaßen wieder „herunterzuregeln". Dazu kann ein abschließendes Spiel mit dem Hundeführer dienen, aber auch ein kleiner Spaziergang, ein Freispiel mit anderen Hunden oder vielleicht auch ein Kauspielzeug.

Der Einfluss des Hundeführers

In Hundeerziehungskursen kann man häufig folgendes Phänomen beobachten: übt der eigene Besitzer etwas mit seinem Hund, geht das gründlich schief. Übernimmt aber der erfahrene Kursleiter den Hund, klappt es sofort sehr viel besser. Doch damit nicht genug – gibt man einem Anfänger-Hundeführer einen sehr gut ausgebildeten Hund an die Hand, benimmt der sich sehr bald nicht mehr besser als ein Anfängerhund (Jean Donaldson in ihrem Buch „Hunde sind anders"). Offenbar hängt also vieles vom Hundeführer ab. Was macht ein guter Hundeführer richtig, was ein schlechter oder unerfahrener falsch?

Der erfahrene Hundetrainer ist vor allem reaktionsschnell. Rückmeldungen an den Hund in Form von Verstärkern (oder Strafen) erfolgen unmittelbar und oft schon, wenn dieser gerade erst im Begriff ist, etwas zu tun oder zu lassen. Das macht die Maßnahmen sehr effektiv. Auch sonst legt der geschickte Trainer bei der Ausbildung ein eher hohes Tempo vor, egal ob es sich um den Ablauf einer einzelnen Übung oder einer ganzen Trainingseinheit handelt, was meist für die Motivation des Hundes günstig ist. Falls ihm eine Strafe oder Zwangsmaßnahme nötig erscheint, handelt der gute Hundeführer beherzt und energisch. Außerdem ist er flexibel und ändert seine „Strategie", sobald die Situation es erfordert. Z.B. lässt er es gar nicht erst dazu kommen, dass der Hund mehrere Male hintereinander denselben Fehler macht oder das Interesse an einer Belohnung oder einem Lockmittel wieder verliert. Er verpasst keine Gelegenheiten und erkennt und verstärkt selbst kleinste Fortschritte im Verhalten des Hundes. So kann er aus einem kaum erkennbaren „Keimling" eines erwünschten Verhaltens rasch eine kräftige „Pflanze" wachsen lassen.

Ein geschickter Hundeführer fasst auch Fehler des Hundes nicht als persönliche Kränkung auf. Daher fällt es ihm relativ leicht, selbstbeherrscht und geduldig zu sein bzw. eine Trainingseinheit vorzeitig abzubrechen, wenn er bemerkt, dass er doch einmal die Gelassenheit verliert. Andererseits ist er ein guter Schauspieler. Er setzt Stimme, Mimik und Körperhaltung bewusst und (manchmal über-)deutlich ein und ist auch ggf. in der Lage, eigene Lustlosigkeit oder Unsicherheit zu überspielen.

Im Gegensatz dazu ist der Anfänger (meist) zu langsam in seinen Reaktionen und nicht selten auch unkonzentriert. Fehler des Hundes bemerkt er nicht oder sieht hilflos zu, statt sofort zu handeln. Ggf. verwendete Strafreize oder Zwangsmaßnahmen erfolgen zu zaghaft, wobei manchmal eine (vielleicht unbewusste) Angst vor dem Hund eine Rolle spielt. Auch wünschenswertes Verhalten entgeht dem unerfahrenen Hundeführer oft. Er erwartet zu früh Perfektion, weil er unrealistische Vorstellungen über die Machbarkeit bestimmter Trainingsziele und den nötigen Zeitaufwand hat. Daher übersieht er kleine Verbesserungen des Verhaltens und versäumt wertvolle Gelegenheiten zum Verstärken und Formen.

Während die allerersten Ausbildungsschritte meist noch ganz gut klappen, kommt es im weiteren Verlauf des Trainings schnell zu Unzufriedenheit und Enttäuschung, denn es fehlt dem unerfahrenen Hundeführer vor allem das Sachwissen über Signalkontrolle, Ablenkungstraining und das Ausschleichen von Lockmitteln und

Belohnungen. Dementsprechend nimmt er Fehler des Hundes sofort persönlich und ist schnell ungeduldig, genervt und verärgert. Das wiederum macht ihn unflexibel – er neigt dazu, verbiestert immer wieder den gleichen verhängnisvollen Ablauf von Aktion und ineffektiver Reaktion zu wiederholen. Zusätzlich fehlt es dem Anfänger an den so wichtigen Schauspielerqualitäten. Seine Signale sind undeutlich, Körperhaltung, Mimik und Stimme flach und ausdruckslos. Es fällt ihm schwer, den Hund über Tempo, Spiel und Bewegung zu motivieren. Oft ist der Erstlings-Hundeführer auch rein „handwerklich" (z.b. im Umgang mit Hilfsmitteln) noch ungeschickt, wobei erschwerend hinzukommt, dass er ja in der Regel einen noch unerzogenen, ungestümen Hund hat, der einiges an Koordination und „Technik" erfordert.

Zusammenfassend kann man sagen, dass der erfahrene Trainer aktiv ist, während das Verhalten des unerfahrenen Hundehalters von Passivität gekennzeichnet ist. Praktisch alle für eine erfolgreiche Erziehung und Ausbildung wichtigen Eigenschaften kann man sich aber aneignen. Es geht also auch ohne den angeborenen „grünen Daumen" für Hunde.

Verhalten löschen

Erlerntes Verhalten kann man löschen, indem man dafür sorgt, dass es nicht mehr belohnt wird. Das geht natürlich nur, wenn man Kontrolle über die Belohnung hat. Extinktion eignet sich daher besonders für forderndes Verhalten, das sich an den Menschen richtet, also z.B. Anspringen, Betteln, Bellen um Aufmerksamkeit oder um hinaus gelassen zu werden usw. Solches Verhalten „stirbt aus", wenn man konsequent nicht mehr darauf eingeht. Außerdem kann man durch die Anwendung von passivem Zwang manches ungebärdige Verhalten des Hundes löschen, etwa spielerisches Schnappen und Zappeln bei der Fellpflege. Eine konditionierte negative Strafe kann dem Hund jeweils mitteilen, dass das, was er gerade tut, nicht belohnt wird. Er stellt seine vergeblichen Versuche dann schneller ein. Das entsprechende Signal kann man außerdem gelegentlich auch in anderen Situationen verwenden, in denen man für den Hund „nicht zu sprechen" sein möchte.

Ein Problem bei der praktischen Anwendung von Extinktion kann der zu erwartende „Löschungstrotz" sein (der Hund verstärkt seine Bemühungen kurzfristig noch, ehe das Verhalten deutlich zurückgeht). Es können außerdem Rückfälle eintreten, entweder wenn das schon fast gelöschte Verhalten, vielleicht aus reinem Zufall, doch noch einmal belohnt wird oder wenn man inmitten des Prozesses des Aussterbens eine Pause einlegen muss, z.B. ein paar Tage ohne Hund verreisen muss. Hält man trotzdem hartnäckig durch und bringt ein wenig Geduld auf, ist der Erfolg aber gewiss und dauerhaft.

Löschen ist eine negative Strafe. Wie andere Strafmethoden hat es für sich allein wenig Informationsgehalt und funktioniert daher schneller und nachhaltiger, wenn man den Hund gleichzeitig für ein Alternativverhalten belohnt. Wenn möglich, sollte dieses Alternativverhalten dasselbe Bedürfnis befriedigen wie das Verhalten, das man löschen will. Der Hund wird also nicht nur ignoriert, solange er anspringt, sondern er bekommt gezielt die ersehnte Aufmerksamkeit, wenn er sich hinsetzt. Ggf. kann man das unerwünschte Verhalten sogar bewusst viele Male hintereinander auslösen, während man gleichzeitig dafür sorgt, dass der Hund keinen Erfolg damit hat (z.B. ihn mit einem hochgehaltenen Spielzeug zum Anspringen verleiten, es dabei aber außer seiner Reichweite halten). Auch so verläuft die Extinktion schneller, einfach weil der Hund mehr Fehlversuche im selben Zeitraum unternimmt als ohne „Provokation". Man kann das Löschen außerdem beschleunigen, indem man das Verhalten zuvor eine Zeit lang auf Immerverstärkung setzt. Obwohl dies sich „falsch" anfühlt, ist es also sinnvoll, den Hund eine Woche lang regelmäßig vom Tisch zu füttern, ehe man das Betteln löscht.

Auszeit („Time-out")

Bei einer Auszeit sorgt man nicht nur dafür, dass ein bestimmtes Verhalten nicht mehr belohnt wird, sondern entzieht dem Hund eine Zeit lang alle oder zumindest die in der betreffenden Situation wichtigsten Verstärker. Dies ist ebenfalls eine Form der negativen Strafe. Wie alle Strafen bringt Auszeit als alleinige Maßnahme nicht sehr viel. Auch sie sollte daher nur in Verbindung mit dem Training von Ersatzverhalten durch positive Verstärkung angewandt werden.

Time-out bietet sich vor allem für solche Verhaltensweisen an, bei denen eine positive Strafe leicht zur Eskalation des Verhaltens oder womöglich zu Gegenwehr führen würde. Das ist der Fall, wenn das betreffende Verhalten mit großer Erregung einhergeht, wie z.b. forderndes Verhalten, außer Kontrolle geratenes Spielverhalten oder Aggression gegenüber Mensch und Hund.

Eine Auszeit kann entweder durchgeführt werden, indem man den Hund kurzfristig (wenige Minuten) ein- oder aussperrt (z.b. Nebenraum, Hundebox, Auto), ihn mit kurzer Leine anbindet und weggeht oder ihm „die kalte Schulter zeigt", d.h. ihm den Rücken zuwendet und ihn mindestens 15 bis 30 Sekunden völlig ignoriert. Dabei muss man ihn ggf. hinter dem Rücken an sehr kurzer Leine festhalten, denn eine Auszeit funktioniert natürlich nur, wenn der Hund sich dabei nicht anderweitig amüsieren kann. Sie trifft ihn außerdem auch nur dann, wenn man ihm etwas entziehen kann, was ihm gerade wichtig ist. (Freut er sich, in Ruhe gelassen zu werden, ist Time-out keine Strafe, sondern eine Belohnung.)

Bei der Anwendung der Auszeit sollte man außerdem Folgendes beachten: Eine negative konditionierte Strafe („Das war's!") ist unbedingt wichtig, um das Verhalten zu markieren, das bestraft werden soll, da man meist eine Weile braucht, um den Hund wegzusperren. Auf dem Wege dahin darf natürlich nichts passieren, was er als Verstärkung auffassen könnte. Das Wegbringen muss daher sehr flott, kühl (nicht mit dem Hund reden oder ihn anfassen oder ansehen) und energisch genug geschehen. Ein Überbrückungsreiz (z.B. eine andauernd straff hochgezogene Leine) kann die Lücke zwischen der konditionierten und der tatsächlichen Strafe füllen, sodass der Hund unterwegs nicht wieder vergisst, warum man ihn abschleppt. Gebärdet der Hund sich beim Abholen noch oder wieder wild, verlängert man die Auszeit, bis er „zur Besinnung gekommen ist". Die Prozedur muss man für ein bestimmtes Verhalten meist öfter wiederholen, bis der Hund den Zusammenhang zwischen seinem Verhalten und der Auszeit begriffen hat. Wenn möglich, sollte in diesem Stadium jedesmal, wenn der Hund das betreffende Fehlverhalten zeigt, eine Auszeit folgen. Später wirkt die Auszeit sogar noch besser, wenn sie – sozusagen als gelegentliche Auffrischung – unregelmäßig angewandt wird.

Ermüdung („Negativtraining")

„Negativtraining" (engl. „negative practice") bedeutet, dass man den Hund dazu veranlasst oder ihm Gelegenheit gibt, das unerwünschte Verhalten innerhalb kurzer Zeit so oft auszuführen (oder es so lange am Stück auszuführen), bis es ihm zum Halse heraushängt, weil er übersättigt oder ermüdet ist. Ermüdung in diesem Sinne bedeutet nicht unbedingt, dass der Hund körperlich erschöpft ist, obwohl auch das zum Effekt eines Negativtrainings beitragen kann. Es handelt sich vielmehr um die Ermüdung eines ganz bestimmten Verhaltens, die dem Prozess der Gewöhnung bei Sinneswahrnehmungen entspricht. Eine solche Ermüdung kann gelegentlich tatsächlich dauerhafte Auswirkungen haben, wobei der Vorgang in der Praxis nicht immer ganz eindeutig von Extinktion zu trennen ist.

Ein Beispiel für Negativtraining aus eigener Erfahrung: Meine Ziska pflegte beim Radfahren die ersten ein bis zwei Kilometer in gestrecktem Galopp zurückzulegen. Nach der Teilnahme an einer Ausdauerprüfung über 20 km (etwa doppelt so weit, wie sie bisher gelaufen war) hörten die Anfangssprints zu meinem heimlichen Bedauern auf. Ziska hatte gelernt, nicht mehr verschwenderisch mit ihren Kräften umzugehen.

Gelegentlich funktioniert so etwas auch beim Hetzen. Hat man einen Hund, der von Natur aus eigentlich nicht zum Jagen neigt, kann es sein, dass er nach einigen ergebnislosen Jagden von selbst aufhört, Vögel oder Wild zu verfolgen. Eine andere Anwendung könnte darin bestehen, dass man zwei verfeindete Hunde mit Maulkorb innerhalb kurzer Zeit so lange und oft miteinander raufen lässt, bis sie es, aus Überdruss und weil es nichts bringt, aufgeben.

Negativtraining ist eine äußerst riskante Methode, denn man kann nicht im Voraus wissen, ob man den Hund mit solchen Aktionen womöglich erst richtig auf den Geschmack bringt und sich so einen Bärendienst erweist. Außerdem ist es bei vielen Verhaltensproblemen mehr als fragwürdig, bewusst zuzulassen, dass der Hund der Tätigkeit (z.B. Hetzen) eine Weile nachgeht und dabei sich selbst und andere gefährdet. Man kann Negativtraining daher nur in äußerst seltenen Fällen empfehlen. Manchmal kommt es aber zufällig im Leben des Hundes zu entsprechenden Effekten.

Reizüberflutung

Bei der Reizüberflutung (engl. „**flooding**") handelt es sich um eine Trainingstechnik, die dem Negativtraining entspricht. Sie findet allerdings nicht auf der operanten Ebene statt, sondern auf der klassischen. Man setzt dazu den Hund so lange oder so oft hintereinander bestimmten Reizen aus, auf die er bisher in extremer Weise reagiert hat, bis ihnen gegenüber eine vollständige und dauerhafte Gewöhnung eintritt. Dabei muss man durch passiven Zwang verhindern, dass er sich der Situation entzieht. Mit Reizüberflutung kann man Phobien und in einzelnen Fällen auch aggressives Verhalten „bearbeiten", sofern dieses durch ganz bestimmte Reize ausgelöst wird und für die Sicherheit aller Beteiligten gesorgt ist. Ein Beispiel wäre etwa Schnappen bei Berührungen. Geschützt durch dicke Handschuhe berührt man den Hund wieder und wieder an der empfindlichen Stelle, bis er trotzdem völlig ruhig und entspannt bleibt.

Reizüberflutung kann nur dann zum Erfolg führen, wenn man den

Hund dem entsprechenden Reiz so lange am Stück aussetzt, bis er wirklich gar nicht mehr darauf reagiert. Muss man den Versuch abbrechen, bevor vollständige Entspannung eingetreten ist, hat man alles nur noch schlimmer gemacht als zuvor. Ferner muss man „dranbleiben" und die Prozedur noch einige Male wiederholen, wobei es allerdings in der Regel nicht mehr so lange dauert wie beim ersten Versuch. Erleichtern kann man die Gewöhnung, indem man den Reiz zuerst nur in abgeschwächter Form anbietet und erst im Laufe des Trainings stärker werden lässt. „Flooding" in seinen extremen Formen (z.B. bei starken Phobien) bedeutet für den Hund einen enormen Stress und ist wegen der hohen Risiken nur etwas für Ausnahmefälle und Experten. Bei geringen Ängsten ist die Methode aber durchaus praktikabel. Ein Beispiel wäre ein Hund, der an sich immer gern im Auto mitgefahren ist, aber nachdem sein Schwanz in der Tür eingeklemmt wurde, nicht mehr ins Auto einsteigen will. Man kann ihn dann mehrfach hintereinander möglichst sanft zwingen, einzusteigen, bis er sich erneut daran gewöhnt hat. Damit beim Üben keine unerwünschten Assoziationen entstehen, muss man sich selbst ganz „natürlich" und neutral verhalten, sollte also unbedingt auf Zureden, Trösten, Schimpfen usw. völlig verzichten.

Gegenkonditionierung und Desensibilisierung

Gegenkonditionierung geht einen Schritt weiter als Reizüberflutung: statt die Reaktion auf einen bestimmten Reiz nur durch Gewöhnung abzuschwächen, ersetzt man die bestehende Assoziation durch eine neue. Dies ist eine klassische Konditionierung. Man lässt dem bereits (meist unfreiwillig) konditionierten Reiz einen anderen ursprünglichen Reiz folgen als bisher. Löst z.B. ein Knall (konditionierter Reiz) beim Hund Angst aus (konditionierte Reaktion), knallt man und bietet dem Hund sofort danach Futter an (neuer ursprünglicher Reiz). Der neue ursprüngliche Reiz muss im Hund entgegengesetzte und stärkere Gefühle auslösen als die bisherige konditionierte Reaktion. Obwohl man meistens mit einer

Gegenkonditionierung Angst, Aggression oder übermäßige Erregung (z.B. „Beutegier") abbauen möchte, ist auch der umgekehrte Weg gangbar, d.h. man erzeugt bewusst im Hund Angst vor bestimmten Dingen oder Situationen (z.B. „Discs", Seite 172).

Eine **Desensibilisierung** ist im Grunde nichts anderes als eine Kombination von Gewöhnung und Gegenkonditionierung. Der Trick besteht darin, mit einem sehr schwachen „falsch" konditionierten Reiz zu beginnen und die Reizintensität im Verlauf des Trainings nur sehr allmählich zu erhöhen, bis der Hund den Reiz schließlich in seiner vollen Stärke aushalten kann. Diese vorsichtige Annäherung reduziert den Stress beim Hund und macht die Gegenkonditionierung praktikabel. Desensibilisierung kann zwar recht langwierig sein, führt aber eigentlich immer zum Erfolg, falls sie richtig durchgeführt wird. Es ist wichtig, sich klarzumachen, dass der Lernvorgang nicht operant, sondern klassisch ist. Das Benehmen des Hundes ist also völlig unwichtig. Er bekommt das Leckerchen nicht, weil er etwas tut oder unterlässt, sondern einzig und allein, weil es zuvor geknallt hat. Für einen optimalen Verlauf sollten natürlich sämtliche Regeln der klassischen Konditionierung eingehalten werden (Kontiguität, Kontingenz, viele Wiederholungen, genügend Generalisierung usw.). Im Folgenden einige Tipps zur Durchführung:

▶ Es ist wichtig, sich selbst während des Trainings sehr stark zurückzunehmen (d.h. wenig reden, nicht kommandieren, selbst keine Emotionen zeigen usw.), damit es nicht zu Überschattungen oder Reizkombinationen mit Signalen des Hundeführers kommt.

▶ Evtl. muss man verhindern, dass der Hund sich der ganzen Situation entzieht. Es kann anfangs auch nötig sein, ihm z.B. das Futter geradezu ins Maul zu stopfen, wenn er es andernfalls aus Nervosität nicht annehmen würde.

▶ Mit hoher Motivation arbeiten. Je angenehmer der neue ursprüngliche Reiz für den Hund ist, desto besser. Geeignet sind vor allem Futter, Spiel und evtl. auch das Wiederholen von gern und routiniert ausgeführten, mit Verstärkung beigebrachten Übungen. Auch die „Highlights" des Tages kann man nutzen, indem man z.B. jeweils einmal knallt, ehe man dem Hund das Futter hinstellt oder mit ihm zum Spaziergang aufbricht.

► Im Verlauf des gesamten Trainings immer unterhalb der Reizschwelle bleiben, ab der beim Hund die Angst (oder andere Emotion) voll ausbricht. So etwas verschlimmert nämlich ähnlich einem vorzeitig abgebrochenen „Flooding" das Problem oder führt zu großen Rückschlägen.

► Oft wird der Hund schon nach wenigen Minuten oder wenigen Wiederholungen deutlich nervöser (d.h. eine Sensibilisierung kommt in Gang). Daher lieber öfter und kurz üben. Stressanzeichen beim Hund beachten!

► Hat der Hund aufgrund einer Reizverkettung vor mehreren Reizen Angst, dann mit denen beginnen, die weniger Angst auslösend sind.

► Zur nächsthöheren Reizintensität nur dann übergehen, wenn der Hund bei der vorherigen Stufe wirklich entspannt bleibt.

► Bei Rückschlägen ohne Zögern und Bedauern so weit im Programm (also in der Reizintensität) zurückgehen wie nötig.

► Das Training lange Zeit regelmäßig weiterführen, sonst drohen starke Rückschläge.

► In extremen Fällen können zu Beginn zusätzlich angstmindernde Medikamente verwendet werden. Auch Tellington-TTouch, Bachblüten oder homöopathische Mittel können ggf. unterstützend wirken.

► Im Alltag ist es leider nicht immer möglich, Rückschläge durch Überforderung zu verhindern (z.B. bei Gewitterangst). Man sollte dann versuchen, in der betreffenden Situation wenigstens eine Gegenkonditionierung durchzuführen (d.h. versuchen, den Hund während des Gewitters mit angenehmen Dingen abzulenken). Eine andere Möglichkeit besteht darin, einen diskriminativen Reiz zu benutzen, der für den Hund zum **Sicherheitssignal** wird. Bearbeitet man z.B. Trennungsangst, kann man während des Trainings immer das Radio laufen lassen. Der Hund lernt, dass er bei laufendem Radio nie überfordert wird. Muss man außerhalb des Trainings für längere Zeit weggehen, bleibt das Radio aus.

► Im Anfangsstadium sind oft nur minimale Fortschritte zu bemerken. Später kann die Desensibilisierung durchaus sehr viel schneller verlaufen. Man sollte also nicht zu früh aufgeben.

Ersatzverhalten trainieren

Ersatzverhalten anzutrainieren ist das Gegenstück zur Gegenkonditionierung oder Desensibilisierung auf der operanten Ebene. Man bringt dem Hund ein Verhalten bei, das unvereinbar mit dem Problemverhalten ist und nach und nach an dessen Stelle tritt, etwa Sitzen statt Anspringen, „Platz" statt Betteln, Blickkontakt und Kommen auf Ruf statt Fährtensuche und Weglaufen. Im Idealfall kann das so weit führen, dass das „Signal" aus der Umwelt, das zuvor das als problematisch empfundene Verhalten ausgelöst hat, zum Signal für das eingeübte Ersatzverhalten wird: der Hund setzt sich bei Begrüßungen ohne weiteres Signal des Hundeführers automatisch hin, legt sich selbstständig ab, wenn die Familie zu Tisch sitzt, oder schaut sich zu seinem Menschen um, wenn er Wild erspäht.

Das Ersatzverhalten trainiert man mit dem Hund zunächst außerhalb der eigentlichen schwierigen Situation. Es sollte sehr gut und mit starker Motivation eingeübt und unter zuverlässige Signalkontrolle gebracht werden, ehe man beginnt, es auch in der aktuellen Problemsituation abzurufen. Es empfiehlt sich, dabei ebenso vorzugehen wie beim Ablenkungstraining. Ggf. kann man sogar vor dem „Ernstfall" den gesamten Übungsablauf am entsprechenden Ort einige Male ohne den Reiz durchspielen, der das Problemverhalten gewöhnlich auslöst, z.B. ruhiges Verhalten an der Haustür mit einem Familienmitglied als „Statist" üben.

Eine andere Variante von Ersatzverhalten besteht darin, das Verhalten des Hundes auf ein anderes Objekt umzulenken. Gelegentlich gelingt es z.B., Jagdverhalten des Hundes auf Spielzeug als **„Ersatzbeute"** zu konzentrieren. Auch Suchaufgaben oder Verfolgungsspiele (z.B. mit dem Hund zusammen ein Stück rennen) können manchmal diese Funktion erfüllen. Für eine solche Ersatztätigkeit motiviert man den Hund zunächst so intensiv wie möglich außerhalb der Problemsituation, am besten sogar schon vom Welpenalter an, ehe Hetzen überhaupt zum Problem geworden ist. Sehr nützlich ist es, den Beginn der beim Hund äußerst beliebten „Ersatzjagd" jeweils durch ein spezielles Signal, z.b. einen Pfiff, anzukündigen. Im Ernstfall hat man dann gute Chancen, beginnendes Jagdverhalten des Hundes auf das Ersatzverhalten umzuleiten, indem man etwa pfeift, wenn der Hund sich auf Wild orientiert. Der Hund entscheidet sich dann mit einer gewissen Wahrscheinlichkeit dafür, zum Menschen zu kommen, um mit ihm zusammen die Ersatzbeute zu jagen. Das Signal muss allerdings immer wieder außerhalb der Ernstsituation aufgefrischt werden, damit keine zu enge Assoziation mit dem Auftauchen von tatsächlicher Beute entsteht.

Ähnlich wie mit der Desensibilisierung haben viele Hundehalter Schwierigkeiten mit dem Antrainieren von Ersatzverhalten, weil die Fortschritte anfangs nur sehr gering erscheinen oder sogar ganz auszubleiben scheinen und man sich schwer vorstellen kann, dass die Methode irgendwann wirklich zum Erfolg führt. Tatsächlich braucht man auch Durchhaltevermögen und Geduld. Trotzdem ist Ersatzverhalten die wohl beste und wirksamste Art, ein Problemverhalten des Hundes nachhaltig zu ändern.

Signalkontrolle und Sekundärmotivation

Gelegentlich hat man die Möglichkeit, auf sehr elegante Weise mit unerwünschtem Verhalten des Hundes umzugehen, nämlich indem man es sich sozusagen zu Eigen macht. Die eine Variante besteht darin, das betreffende Verhalten unter Signalkontrolle zu bringen. Vollständige Signalkontrolle würde bedeuten, dass der Hund das Verhalten nur noch dann zeigt, wenn das Signal gegeben wird. Theoretisch könnte man dann das Signal nur noch dann geben, wenn es einem passt, dass der Hund das Verhalten ausführt. Oder man gibt nie mehr das Signal und das Verhalten ist verschwunden. Vollständige Signalkontrolle ist zwar in der Praxis nur selten zu erreichen, aber dennoch kann diese Methode manchmal ganz gut funktionieren, nämlich bei weitgehend erlerntem und nicht durch starke Emotionen wie z.b. Angst und Unsicherheit bedingtem Verhalten. Dazu gehören manche Formen des Bellens, Anspringen oder etwa „Fang mich doch, wenn du kannst"-Spiele des Hundes mit seinem Menschen. Das Problem ist, dass man das unerwünschte Verhalten zuerst positiv verstärken muss, ehe man es unter Signalkontrolle bringen kann. Es wird daher in dieser Phase vorübergehend häufiger als bisher spontan auftreten. Zieht man dann das Training doch nicht so lange durch, bis man wirkliche Signalkontrolle erzielt hat, hat man das Problem womöglich verschlimmert.

Ist das Verhalten stark instinktiv verankert und damit selbstbelohnend, kann man es sowieso höchstens teilweise unter Signalkontrolle bringen, denn solche Verhaltensweisen führt der Hund natürlich auch dann aus, wenn er kein Signal dafür bekommen hat. Hin und wieder scheint es aber möglich zu sein, dem Hund die ursprüngliche Motivation sozusagen „abzukaufen", indem man ganz bewusst Primärmotivation durch Sekundärmotivation ersetzt. Um das zu erreichen, belohnt man den Hund, wenn er das selbstbelohnende Verhalten ausführt, mit einem Motivationsmittel aus einem anderen Motivationskreis. Man kann ihn also z.B. loben und mit Leckerchen füttern, wenn er bellt. Das führt dazu, dass der Hund beginnt, das Verhalten aus einer anderen Motivation heraus auszuführen. Statt „ernsthaft" zu bellen, bellt er in der betreffenden Situation mit einem erwartungsvollen Blick auf den Hundeführer und dann auch schon in ganz anderem Tonfall als im Ernstfall. Hat man das Verhalten so aus dem ursprünglichen Zusammenhang gelöst, kann man es auch löschen oder unter Signalkontrolle bringen. Vermutlich trägt klassische Konditionierung, ähnlich wie bei einer Gegenkonditionierung, viel zur Wirksamkeit dieser Methode bei.

Ausbildungsmethoden und -hilfsmittel

Ob eine bestimmte Trainingsmethode oder ein Ausbildungshilfs-mittel etwas taugt, wird meist immer noch als „Glaubensfrage" behandelt, statt die Frage anhand von Wissen über das Lernverhal-ten von Tieren zu beantworten. Im Folgenden möchte ich einige der gängigen Erklärungsmodelle und Ausbildungsmethoden im Licht der Erkenntnisse der Lernforschung unter die Lupe nehmen.

Die Sache mit der Dominanz

Der Dominanz wird beim Hundetraining meist eine sehr große Bedeutung beigemessen. Basis für diese Theorie sind zumeist Beobachtungen an Wölfen. Bei vielen Hundehaltern herrscht ein idealisiertes Bild von der Rangordnung in einem Wolfsrudel vor. Demnach hat der „Alphawolf" die oberste Befehlsgewalt im Rudel inne. Die anderen Tiere gehorchen ihm bedingungslos. Seine Stel-lung hat er sich in harten Kämpfen erworben und hält sie, indem er den Rangniederen immer wieder Unterwürfigkeit abverlangt und sie energisch abstraft, falls sie es wagen, seine Position anzutasten. Die Rangniederen wiederum lauern jederzeit auf einen Augenblick der Schwäche beim Alpha, um ihn aus seiner Stellung zu ver-drängen.

Aus dieser falschen Vorstellung entsteht dann die Überzeugung, dass Hunde stets mit allen Mitteln versuchen, die Spitzenposition in der Familie zu erobern. Ein gefahrloses Zusammenleben mit dem Hund ist angeblich nur möglich, wenn man der unan-gefochtene „Boss" im Rudel ist. Gehorsam (also gute Signalkon-trolle) wird als Zeichen der „Unterordnung" des Hundes betrachtet und umgekehrt soll das Bestehen auf und Durchsetzen von absolu-tem Gehorsam dazu führen, dass man sich dem Hund gegenüber als Alpha etabliert. Meist geht damit auch die Meinung einher, dass es in Ordnung, ja sogar unabdingbar sei, den Hund körperlich zu unterwerfen.

Anhänger dieser Sichtweise befürworten daher nicht nur Strafen durch direktes körperliches Eingreifen des Hundeführers, sondern arbeiten de facto überwiegend mit Zwang, „Druck" und negativer Verstärkung. Welche Nachteile und Risiken das hat, war Thema der vorhergehenden Kapitel. Da außerdem das diesen Erziehungsmethoden zugrunde liegende Bild schlicht und einfach falsch ist, sind Hunde in keiner Weise darauf vorbereitet, so behandelt zu werden. Es verwundert daher nicht, dass mit solchen Methoden nicht nur oft das gesteckte Ziel verfehlt wird, sondern die Hunde sich auch nicht selten auflehnen oder „kriecherisch" und ängstlich werden. In Wirklichkeit zeichnet die Verhaltensforschung heute ein anderes und differenzierteres Bild von den Beziehungen in einem Wolfsrudel. Nach neueren Erkenntnissen sind harte körperliche Auseinandersetzungen unter frei lebenden Wölfen die Ausnahme, denn auch ein Alphawolf kann keine Bissverletzungen riskieren, die seine Fähigkeit zu jagen einschränken würden. Im Gegenteil zeichnen sich Alphatiere in der Regel durch besonders tolerantes und freundliches Verhalten aus. „Meinungsverschiedenheiten" werden eher auf rituelle Art geklärt, ernstere Kämpfe gibt es normalerweise nur, wenn wichtige Ressourcen knapp sind, z.B. in Zeiten der Hungersnot, oder evtl. wenn es um die Fortpflanzung geht. Gelegentlich kann es vorkommen, dass ein Tier zum „Prügelknaben" wird. Solche Tiere fristen dann ein Leben am Rande der Gruppe, bis es ihnen eventuell gelingt, wieder aufgenommen zu werden, oder sie umkommen. Manche ziehen auch fort und gründen eigene Rudel. Wenn es zu Aggressionen womöglich der ganzen Gruppe gegen solche „Prügelknaben" kommt, unterwerfen sich diese nicht etwa, sondern fliehen oder wehren sich bis aufs Letzte, denn es kann dann für sie wirklich um Leben und Tod gehen. Solche Erkenntnisse haben dazu geführt, dass heutzutage das körperliche Unterwerfen eines Hundes von mehr und mehr Ausbildern als gefährlicher Kunstfehler betrachtet wird.

Viele moderne Trainer legen zwar auch größten Wert darauf, dass der Hund im Rang richtig „eingeordnet" ist, und sehen einen engen Zusammenhang zu Ungefährlichkeit und Gehorsam des Hundes. Aber sie wollen dieses Ziel eher „psychologisch" erreichen. Der Hundeführer gewinnt nach dieser Ansicht am besten die Alpha-Position, indem er symbolische Gesten verwendet und sich ohne direkte Konfrontation mit dem Hund dessen „Statussymbole" zu Eigen macht. Beispiele sind etwa, dass der Mensch vor dem Hund isst und vor ihm durch die Tür geht, forderndes Verhalten des Hundes ignoriert oder ihm nicht erlaubt, auf dem Sofa zu liegen. Lerntechnisch gesehen ist dies ein Riesenfortschritt, denn es führt dazu, dass Hundehaltern von direkter Konfrontation (also körperlichen Strafen und Starkzwang) im Umgang mit dem Hund abgeraten wird. Stattdessen empfiehlt man dem Hundehalter zur Erreichung der Ziele ein Wechselspiel von positiver Verstärkung, negativer Strafe und Löschen. Entsprechende Programme zur Rangeinordnung schaden denn auch auf keinen Fall und führen in aller Regel zu einem recht angenehmen Zusammenleben mit dem Hund.

In letzter Zeit gibt es jedoch auch Stimmen, die die Bedeutung einer Rangordnung zwischen Mensch und Hund mit einem großen Fragezeichen versehen. Man kann tatsächlich den Erfolg der modernen, gewaltfreien Rangordnungsprogramme ebenso gut erklären, ohne je das Wort Dominanz in den Mund zu nehmen. Das ganze Konzept ist nämlich eine Art Zirkelschluss: man diagnostiziert anhand bestimmter Verhaltensmuster „Dominanz" beim Hund. Diese Verhaltensmuster ändert man nach moderner Auffassung am besten durch positive Verstärkung, negative Bestrafung und Löschen. Nach veralteter Auffassung bedient man sich dazu vor allem positiver Bestrafung und negativer Verstärkung, was eindeutig schlechter funktioniert und riskanter ist als die moderne Vorgehensweise. Am Ende hat der Hund sein Verhalten geändert, also ist er angeblich auch nicht mehr „dominant". Es fragt sich aber, ob der Hund wirklich weniger dominant ist als vorher oder nicht vielmehr einfach nur besser erzogen.

Beobachtet man Wölfe und Hunde untereinander, könnte man außerdem auch zu ganz anderen Schlüssen kommen, welche Vorrechte Attribute des Alpha sind und welche Aufgaben er im Rudel hat. Allein schon die großen individuellen Unterschiede sind verwirrend: je nach Hundegruppe und Situation können offenbar sehr verschiedene „Statussymbole" eine Rolle spielen. Auch ist längst nicht geklärt, welche Bedeutung Hunde all diesen Dingen im Umgang mit dem Menschen zumessen. Sicherlich „weiß" ein Hund, dass ein Mensch kein Hund ist, sonst würden Hunde mit uns ganz genauso umgehen wie mit ihresgleichen. Menschen sind, mit Hunden verglichen, „riechblind", furchtbar langsam in Bewegungen und Reaktionen und praktisch zahnlos. Sie sind miserable Mäuse- und Hasenjäger und markieren (normalerweise) nicht mit Urin. Sie essen auch (normalerweise) nicht dasselbe wie ihre Hunde und haben andere Paarungspartner. Menschen verlangen zudem Dinge von ihren Hunden, die Hunde eigentlich an der geistigen Gesundheit ihres Menschen zweifeln lassen müssten, etwa Essbares liegen zu lassen, nicht anzuspringen und Wild laufen zu lassen. All das entspricht sicherlich nicht gerade dem Bild des mächtigen und fähigen Alpharüden, den wir Menschen angeblich für unsere Hunde darstellen. Können unsere Hunde uns überhaupt in dieser Hinsicht ernst nehmen?
Es ist auch mehr als zweifelhaft, ob Gehorsam und Dominanz überhaupt etwas miteinander zu tun haben. Ist das, was wir vom Hund erwarten, überhaupt dasselbe, was in einem Rudel zwischen Alpha und „Untergebenen" abläuft? In einem Rudel scheinen die Alphatiere tatsächlich das Kommando zu haben, d.h. dass sie meist den Anstoß zu gemeinsamen Aktivitäten geben. Sie zwingen jedoch die anderen Tiere keineswegs mitzukommen und brauchen das auch gar nicht. Schließlich geht es allen ums eigene Überleben, um den Jagderfolg. Während der Jagd kommen „Absprachen" der Wölfe zustande: sie stimmen das eigene Verhalten instinktiv auf das der Jagdgenossen ab, wobei es offenbar Spezialisierungen der einzelnen Tiere gibt. (Dasselbe kann man z.B. beobachten, wenn mehrere Border Collies sich einer Schafherde nähern.) Durch Lernen wer-

den die Jagdstrategien ausgefeilt. Die führende Position kommt zwar oft den Alphawölfen zu, meist wohl, weil diese für gewöhnlich die Eltern der anderen Tiere sind und die meiste Erfahrung haben. Aber befehlen und Gehorsam erzwingen ist Wölfen absolut fremd. Sie verfügen zwar über Warnsignale und Signale, mit denen sie anderen Tieren die eigenen Absichten und die eigene Gefühlslage anzeigen. Signalkontrolle über andere haben sie jedoch nicht. Auf Kommando „Sitz" und „Platz" zu machen, bei Fuß zu gehen oder zu apportieren sind jedenfalls künstliche Dinge, die wenig Ähnlichkeit mit dem haben, was Hunde oder Wölfe untereinander treiben.

Fazit: Moderne Auffassungen von Rangordnung schaden zwar sicherlich nicht, man kommt im Umgang mit dem Hund aber auch ohne solche Konzepte aus. Lerngesetzmäßigkeiten sind durchweg besser dazu geeignet zu erklären, was warum zwischen Mensch und Hund abläuft, als Dominanzkonzepte und Vergleiche mit Wolfsrudeln. Statt Dominanz eignet sich wesentlich besser ein Erklärungsmodell, das auf Ressourcenkontrolle beruht: wer über die Ressourcen verfügt und diese nach eigenem Gutdünken zurückhalten oder verteilen kann, hat auch Macht, seine eigenen Wünsche durchzusetzen und das Verhalten anderer zu beeinflussen. Nichts anderes geschieht beim Hundetraining, vor allem wenn man hauptsächlich über positive Verstärkung und negative Strafe arbeitet. Hält man Hunde, ist es wichtig, sie in einer gewissen künstlichen Abhängigkeit zu halten, wenn man möchte, dass sie beeinflussbar bleiben und man Signalkontrolle über sie bekommt. Dies erreichen Menschen seit jeher, indem sie ihre Hunde selbst füttern, statt ihnen zu erlauben, sich selbst zu versorgen, indem sie den Tagesablauf ihrer Tiere bestimmen und ihnen nicht erlauben, auf eigene Faust herumzustreifen. Hunde, die halb frei leben oder „wirklich" erwachsen und damit innerlich unabhängig vom Menschen werden (z.B. Herdenschutzhunde), sind daher auch wesentlich schwerer zu erziehen und auszubilden als andere.

Körpersprache einsetzen

Hunde reagieren sehr sensibel auf Haltung, Bewegungen und Mimik ihrer Sozialpartner. Die Körpersprache des Menschen spielt daher im Umgang mit dem Hund unbestreitbar eine wichtige Rolle. Viele Trainer legen großen Wert darauf, dass der Mensch „Worte" aus dem Verhaltensrepertoire und der Körpersprache des Hundes nachahmt. Dies soll eine bessere Verständigung mit dem Hund ermöglichen. Auf den ersten Blick ist dieser Gedanke bestechend: der Hund ist offensichtlich nicht in der Lage, die Sprache seiner menschlichen Sozialpartner zu übernehmen, aber vielleicht geht es umgekehrt? Die Sache hat allerdings bei genauem Hinsehen mehrere Haken: erstens gibt es viele hundliche „Vokabeln", die man als Mensch einfach nicht richtig „aussprechen" kann. Es fehlt uns Zweibeinern z.B. an Schnauzen, Ruten und Fell, das man sträuben kann. Es besteht daher die Gefahr, dass der Hund etwas ganz anderes versteht, als man ausdrücken wollte. Es ist außerdem durchaus nicht sicher, dass der Hund selbst noch die eigene Sprache versteht. Hunde sind keine Wölfe mehr. Wie der amerikanische Trainer Gary Wilkes es ausdrückt: gut möglich, dass einem Hund die Gene fehlen, die ihn verstehen lassen, was ein Alphawurf bedeutet. Er besitzt aber vielleicht noch Gene, die ihm sagen, wie er jemanden ins Gesicht beißt, der versucht, ihn auf den Rücken zu werfen. Damit sind wir auch schon beim nächsten Problem: wenn man den Hund in seiner eigenen Sprache „anredet", muss man auch in Kauf nehmen, dass er in seiner eigenen Sprache antwortet, z.B. mit den Zähnen. Man sollte also „Hundesprache" differenziert und überlegt einsetzen. Insbesondere das Nachahmen von Dominanz- und Imponiergesten kann gefährlich sein, vor allem wenn es in engstem Kontakt zum Hund stattfindet wie z.B. beim Alphawurf, ins Ohr beißen, sich über den Hund beugen, ihn „niederstarren" und „niederknurren" oder über die Schnauze fassen. Der Hund kann die Signale missverstehen und evtl. mit Gegenaggression antworten. Und es ist durchaus nicht immer wünschenswert, zu fördern, dass er seinerseits den Menschen wie einen anderen Hund behandelt.

Eine andere Form von Körpersprache des Menschen, die nicht selten zu Problemen oder sogar Unfällen führt, sind Verhaltensweisen, die für den Hetzjäger Hund Beutereize sind. Dazu zählen z.b. Wegrennen, Zappeln oder auch Hinfallen und auch (zusätzlich durch den Geruch übertragene) Anzeichen von Angst oder gar Panik bei der „Beute". Vom Hund weg- oder an ihm vorbeirennen, herumhüpfen sowie in der Bewegung erstarren und dann plötzlich lossprinten löst sehr starkes Jagdverhalten aus. Darum ist Joggeroder Fahrradfahrerhetzen bei vielen Hunden ein beliebtes „Hobby". Auch spielende Kinder sind in dieser Hinsicht eine große „Versuchung". Alle genannten Beutereize können aber auch vom geschickten Hundeführer in der Ausbildung als Lockmittel oder zur Motivation genutzt werden.

Ob es durch vom Menschen ausgehende Beutereize zu Problemen kommt, hängt von vielen Faktoren ab. Wichtig ist wieder die gute Sozialisation. Ein gut sozialisierter Hund wird einen Menschen, auch ein kleines Kind, kaum je ernsthaft mit einer Jagdbeute verwechseln, egal was dieser tut. Weiterhin bestimmt die genetische Veranlagung mit, ob und wie stark der Hund überhaupt Jagdverhalten zeigt und wie erregt er dabei wird. Schließlich hängt auch viel von der Erfahrung des Hundes ab. Man hat z.B. festgestellt, dass jagdlich ausgebildete Hunde selten in Unfälle verstrickt sind, bei denen Menschen von Hunden als „Beute" betrachtet werden. Diese Hunde lernen offenbar gut zu unterscheiden, was Jagdbeute sein kann und was nicht.

Sorgfältig ausgebildete Sportschutzhunde werden in ähnlicher Weise darauf trainiert, nur den gepolsterten Ärmel als „Beute" zu betrachten, nicht aber den Menschen, der ihn trägt. Dennoch können sogar bei korrekter Ausbildung bestimmte Elemente der Ausbildungssituation, wie z.B. eine der Schutzkleidung ähnelnde Bekleidung oder Drohen mit einem Stock, bis zu einem gewissen Grade zu Signalen werden, die das erlernte Verhalten (Verbellen und Fassen) auslösen. Von unsachgemäß ausgebildeten Schutzhunden oder solchen, die als Schutzhunde trainiert werden, obwohl sie ängstlich, hoch erregbar und/oder

schlecht sozialisiert sind, kann denn auch tatsächlich Gefahr ausgehen.

Als kritisch zu betrachten sind außerdem bei allen Hunden Jagd-
und Beutespiele, die mit großer Intensität und Erregung ablaufen
und/oder bei denen der Mensch mit dem ganzen Körper die „Jagdbeute" spielt. Solche Spiele sollte man allenfalls in stark kontrol-
lierter und ritualisierter Form zulassen und nur, wenn der Hund
jederzeit zuverlässig gestoppt und zum Auslassen veranlasst werden kann.

Abgesehen von solchen riskanten Manövern hängt der Nutzen der
bewussten Anwendung von „Hundesprache" durch den Menschen
vermutlich überwiegend davon ab, welche „Vokabeln" man überhaupt erfolgreich nachahmen kann. Dies sind vor allem „universel-
le" Gesten, mit denen viele Tiere Sicherheit und Unsicherheit sowie
Anspannung und Entspannung ausdrücken, außerdem Alarm-
oder „Aufmerk"-Signale (z.B. Erstarren beim Anblick von Jagdbeute). All dies wird hauptsächlich über Blickrichtung, Muskelspan-
nung und die gesamte Körperhaltung ausgedrückt und deswegen
von Hunden auch beim ganz anders gebauten Menschen verstanden. Etwas spezieller auf Hunde bezogene Gesten, die man aber
auch gut nachahmen kann, sind die so genannten **„calming
signals"** (engl. = beruhigende, beschwichtigende Signale) wie z.B.
betontes Wegschauen, Verlangsamung der Bewegung, Gähnen
usw., mit denen Hunde einander zu verstehen geben, dass sie keine
Konfrontation suchen.

Im Gegensatz zur Nachahmung der jeweiligen „Fremdsprache",
bei der es also manchmal hapert, kann man als Hundehalter gar
nicht genug über das Ausdrucksverhalten des Hundes wissen. Den
eigenen Hund „lesen" zu können und dabei auch auf unscheinbare
Signale zu achten, ist nicht nur für eine erfolgreiche Ausbildung
und Erziehung wichtig, sondern vor allem auch im täglichen
Umgang mit dem Hund und um Unfälle zu vermeiden.

Im Interpretieren der menschlichen Körpersprache sind Hunde
jedenfalls Meister. Sie nutzen die von uns über Körpersprache ausge-
sandten Signale dabei auf mehreren Ebenen. Zuerst einmal lernt der

Hund im Zuge seiner Sozialisation auf den Menschen dessen natürliche Körpersprache kennen und normalerweise richtig einzuschätzen. Dies ist eine bewundernswerte Leistung, da viele der Gesten, die wir Menschen unbewusst untereinander (und unseren Hunden gegenüber!) anwenden, fatal Drohgesten der „Hundesprache" ähneln. Typisches Menschenverhalten, wie zur Begrüßung auf den Hund zugehen, ihm in die Augen schauen und von oben nach ihm fassen, aber auch viele menschliche Zuneigungsgesten, wie in den Arm nehmen oder „knuddeln", bedeuten „auf Hund" fast schon eine Angriffsdrohung. Der gut sozialisierte Hund lernt in seiner Jugend, damit umzugehen. Beim mangelhaft sozialisierten Hund kann es aber schnell zu u.U. gefährlichen Missverständnissen kommen. Des Weiteren lernt der Hund eine Unzahl von zum Teil kaum wahrnehmbaren Gesten und Veränderungen des Gesichtsausdrucks als diskriminative Reize kennen, die ihm z.B. verraten, ob man ihn an die Leine nehmen will, gerade zu einem Spiel bereit wäre usw. Dazu kommen dann noch einige bewusst als Signal antrainierte Handzeichen oder andere Gesten und eine viel größere Zahl von unbewusst und unabsichtlich als Signal etablierten „Fingerzeigen", die der Hund im Laufe einer Ausbildung lernt.

Nichts als Worte

Auch die Stimme wird von den meisten Leuten als sehr wichtig im Umgang mit dem Hund erachtet. Der Glaube, Hunde würden nur dann gehorchen, wenn man in strengem Kommandoton zu ihnen spricht, ist erstaunlich weit verbreitet. Aber auch beim Loben kommt es angeblich sehr auf die richtige Tonlage an. Beide Behauptungen beruhen auf der Annahme, dass die menschliche Stimme an sich für Tiere eine große Bedeutung hat. Schließlich hören viele Hunde ihren Menschen doch ausgesprochen gern zu. Dennoch ist Sprache für Tiere etwas Fremdes und wir Menschen vergessen allzu leicht, dass sie die Bedeutung unserer Worte nicht wirklich verstehen können. Auf welchen Ebenen können Stimmlage und einzelne Worte für Hunde überhaupt wichtig sein?

Lautsprache übermittelt dem Hund – nachdem er sich bereits als Welpe daran gewöhnt hat, dass Menschen dauernd Töne von sich geben – vor allem Stimmungen. Insofern transportieren gerade Tonfall und Stimmlage für den Hund tatsächlich wichtige Informationen. Die einzelnen Worte sind dagegen für ein Tier höchstwahrscheinlich nur äußerst schwer zu erkennen und zu verknüpfen, vor allem wenn sie in einen ganzen Redeschwall eingebettet sind. Sogar Menschen haben ja bei einer ihnen ganz fremden Sprache anfangs Mühe, überhaupt zu erkennen, wann das eine Wort endet und das andere anfängt. Ein stark veränderter Tonfall (egal in welche Richtung) oder auch höhere Lautstärke hilft dem Hund, das für ihn wichtige Signalwort aus dem „Gebrabbel" herauszuhören. Man kann denselben Effekt aber auch erreichen, indem man zumindest während Übungseinheiten insgesamt eher wenig spricht, eben nur dann, wenn man etwas für den Hund Wichtiges zu sagen hat.

Der Hund, der besser auf im Kommandoton gegebene Signale hört, tut dies also vielleicht zum Teil, weil das laut und energisch gesprochene Wort einfacher aus dem Redeschwall seines Hundeführers herauszuhören ist als das ohne besondere Betonung gesprochene Signal. Vor allem hat er aber gelernt, dass auf ein hartes und lautes Wort mit größerer Sicherheit ein aversiver Reiz folgt als auf ein ruhig und leise gesprochenes. Verknüpft der Hundeführer negative Verstärkung ebenso konsequent mit dem normal ausgesprochenen Signal, bedarf es keines Kommandotons. Der Befehlston bedeutet dem Hund an sich nichts und führt nicht etwa automatisch dazu, dass er besser gehorcht. Ein Hund, der gewohnt ist, Hörzeichen mit leiser und heller Stimme zu bekommen, wird auf den geschnauzten „Befehl" sogar mit Unverständnis reagieren und allenfalls aufgrund der Klangfärbung ein wenig eingeschüchtert sein.

Auch Lob mit der Stimme ist nichts, über das sich ein Hund angeborenermaßen freut. Eine Ausnahme kann höchstens Quietschen mit hoher Stimme sein, das einem Beutereiz (fiepende Maus o.ä.) ähnelt und Hunde daher zunächst einmal automatisch interessiert. Die belohnende Wirkung verliert sich allerdings sehr schnell, wenn außer der hohen Stimme keine weitere Verstärkung kommt. Man kann aber solche hohen Töne als Lockmittel und auch gut als Signal verwenden. Ansonsten gewinnt Lob mit der Stimme seine Qualität als Belohnung aber erst in seiner Funktion als positiver konditionierter Verstärker. Dazu wird es in vielen Fällen ohne besonderes Zutun, weil der Hund von klein auf lernt, dass fröhliches Geplauder des Menschen in der Regel mit Streicheleinheiten, Spiel oder Futter und allgemein mit guter, entspannter Stimmung einhergeht.

Bei Ausbildung über negative Verstärkung wird Lob auch zum Sicherheitssignal, über das sich der Hund vor allem deswegen freut, weil er keine aversiven Reize befürchten muss, solange man ihn lobt. Ein kurzes, gut erkennbares Wort wäre allerdings viel besser als konditionierter Verstärker geeignet als ganze Sätze. Überdies wird Lob auch falsch, also weitgehend wirkungslos, eingesetzt, wenn der Hundeführer sich nicht über seine Verstärkerfunktion im Klaren ist und den Hund darum nur zwischen den einzelnen Übungen oder aber in Form einer „Dauerberieselung" lobt.

Fazit: Verwendet man Worte als Hörzeichen, sollte man darauf achten, dass der Hund sie gut erkennen und von anderen Worten unterscheiden kann. Dazu müssen Hörzeichen in möglichst immer gleicher Form, deutlich voneinander unterschieden und möglichst zeitlich getrennt von sonstigem Gerede gesprochen werden. Nur dann sind die Chancen gut, dass wirklich das Wort selbst der beste diskriminative Reiz für den Hund wird. Ansonsten wird er sich eher an Tonfall, Klangfärbung, Lautstärke und zusätzlich an Körpersprache und Mimik usw. orientieren, was leicht zu Missverständnissen – also mangelhafter Reaktion auf die Hörzeichen – führen kann.

Bindung

Eine enge Bindung zwischen Mensch und Hund ist ein weiterer Punkt, den viele als wichtige Grundvoraussetzung für eine erfolgreiche Ausbildung und Erziehung ansehen. Zweifellos bestehen in den meisten Mensch-Hund-Beziehungen enge Bande zwischen den beiden so verschiedenen Partnern. Gerade die Anhänglichkeit des Hundes ist ja für viele Menschen ein wichtiger Grund für die Hundehaltung. Man wünscht sich gegenseitige Zuneigung. Von einem eng an einen bestimmten Menschen gebundenen (einem „treuen") Hund erwartet man konkret, dass der Hund die Nähe dieses Menschen sucht, genau auf ihn achtet, wenn er anwesend ist, und ihn vermisst, wenn er fortgeht. Er „versteht" diesen Menschen anscheinend, geht besonders auf dessen Stimmungen ein und gehorcht vielleicht diesem einen Menschen auch besser als allen anderen.

Eine so enge Bindung (auch zwischen Menschen) kann aber nur dann entstehen und bestehen, wenn Vertrauen zwischen den Partnern herrscht. Das Gegenüber wünscht man sich berechenbar und verlässlich. Wichtig ist auch, dass man sich gegenseitig gut versteht. Eine enge Bindung setzt voraus, dass man „dieselbe Sprache spricht", „auf einer Wellenlänge liegt". Die Kommunikation sollte überwiegend reibungslos verlaufen. Kommt es dauernd zu Missverständnissen zwischen den Partnern oder sind immer wieder umständliche Erklärungen nötig, leidet das gute Einvernehmen darunter. Zum Entstehen oder Festigen einer Bindung tragen außerdem gemeinsames Tun und Erinnerungen an gemeinsame Erlebnisse bei.

Es wird schnell klar, dass hier in der Beziehung zwischen Mensch und Hund vor allem der Mensch seinen Teil leisten muss. Er kann und muss sich die Anhänglichkeit des Hundes „erarbeiten", die dadurch aber in keiner Weise geschmälert wird. Hunde versuchen als hochsoziale Rudeltiere bereitwillig, sich auch dem artfremden Sozialpartner anzupassen. Ihre Fähigkeiten dazu sind aber begrenzt. Es ist daher Sache des Menschen, sich so zu verhalten, dass der Hund ihn gut verstehen kann. Und da auch der Mensch das hundliche Vokabular nur sehr eingeschränkt benutzen kann, funktioniert die Verständigung am besten nach den Regeln der operanten Konditionierung und der Signalkontrolle. Wenn der Mensch sich im Umgang mit dem Hund dieser für alle höheren

Lebewesen universellen „Sprache" bedient, kann der Hund ihn besonders gut verstehen und wird sich mit diesem Menschen wohl fühlen und sich eng an ihn binden. Nötig ist zusätzlich natürlich „vertrauenswürdiges", also berechenbares Verhalten dem Hund gegenüber und viel Zusammensein und gemeinsames Tun mit dem Hund, durch das der Mensch wichtig und interessant für den Hund wird.

Der Hund würde sich all dies, wenn er es denn ausdrücken könnte, sicherlich auf der Basis von positiver Verstärkung und artgerechter Beschäftigung wünschen. Es ist jedoch bekannt, dass Hunde sich auch sehr eng an Menschen binden können, die sie relativ hart anfassen und ihnen allgemein kein besonders schönes Leben bieten. Ein solches Zerrbild einer engen „Bindung" entsteht z.b., wenn der Hund den Menschen als übermächtigen, aber launischen und tyrannischen „Rudelführer" erlebt, wie es der Fall ist, wenn der Mensch launisch und jähzornig ist. Da der Hund als Rudeltier auf diesen seinen „schwierigen" Sozialpartner angewiesen ist und auch normalerweise gar nicht die Möglichkeit bekommt, sich von ihm zu trennen, bleibt ihm nichts anderes übrig als der Versuch, ihn durch besonders unterwürfiges Verhalten friedlich zu stimmen (oder sich gegen die Aggressionen zur Wehr zu setzen, was ja auch durchaus vorkommt). Der Hund wird notgedrungen zum „Kriecher" diesem Menschen gegenüber, was dann vielfach auch noch als besondere Zuneigung angesehen wird.

Zweifellos lieben also Menschen ihre Hunde und auch umgekehrt kann man getrost davon ausgehen, dass Hunde eine tiefe Zuneigung zu bestimmten Menschen entwickeln. Denn auch wenn man nie sicher wissen kann, was genau in einem Hund (oder einem Mitmenschen!) wirklich vor sich geht, ist man sich doch inzwischen weitgehend einig, dass Tiere sehr ähnliche Gefühle erleben wie Menschen. Da sie unmittelbarer, nur in der Gegenwart und weniger vom Verstand bestimmt leben, sind ihre Gefühle womöglich sogar tiefer und bestimmen sicherlich ihr Leben noch stärker als dies bei einem Menschen der Fall ist. Ebenso zweifellos ist das Ziel vieler Hundehalter, eine enge Bindung zum Hund aufzubauen, und auch die meisten Hunde gehen offenbar sehr bereitwillig eine enge Bindung zum Menschen ein. Eine enge Bindung ist aber keine unverzichtbare Voraussetzung für eine erfolgreiche Hundeausbildung. Im Gegenteil erreichen sogar Menschen, die keine besonders enge Beziehung zum Hund haben (etwa professionelle Trainer), oft mehr als der eigene Besitzer, gerade weil sie nicht so sehr gefühlsmäßig mit dem Hund verstrickt sind. Dies bedeutet keineswegs, dass der Hundehalter im Gegensatz zum Fremdausbilder „zu weich" mit seinem Hund umginge, sondern nur, dass es ihm manchmal an der nötigen Distanz fehlt, die Mittel der operanten Konditionierung überlegt und korrekt anzuwenden. Enttäuschung, Ehrgeiz, Ärger oder Ungeduld kommen eben eher auf, wenn es der eigene geliebte Hund ist, mit dem man ein bestimmtes Ziel erreichen will.

Umgekehrt ensteht gerade durch die Ausbildung oft erst eine Bindung zwischen dem Hund und seinem Trainer. Ein guter Ausbilder erfüllt nämlich sozusagen „nebenbei" für den Hund alle oben aufgeführten Voraussetzungen für die Entstehung einer engen Bindung. Interessant ist das bekannte Phänomen, dass diese Bindung normalerweise gegenseitig ist: auch der Ausbilder wird in aller Regel eine Zuneigung zu seinem vierbeinigen „Schüler" fassen, selbst wenn er das gar nicht beabsichtigte oder den Hund anfangs nicht mal besonders mochte.

Es ist daher auch eine Illusion, man könne oder müsse den Aufbau einer Bindung und die Beeinflussung des Verhaltens des Hundes (seine Ausbildung und Erziehung also) voneinander trennen. Alles, was der Hundehalter evtl. tut, um vor der eigentlichen Ausbildung schon einmal eine Bindung zum Hund herzustellen, wirkt automatisch auch auf der Ebene der operanten Konditionierung auf den Hund. Seine Ausbildung und Erziehung hat damit de facto schon begonnen. Umgekehrt trägt ausgerechnet das Üben von Gehorsam auf Signale und von sonstigem angepassten Verhalten sehr viel zur gegenseitigen Bindung bei. Und umso besser der Hundehalter dabei die rein „technischen" Voraussetzungen, also die Lerngesetzmäßigkeiten, kennt und umso „kühler" und überlegter er sie umsetzt, desto stärker werden die Gefühle der Zuneigung auf beiden Seiten.

Hilfsmittel für die Ausbildung

Leinen, Halsbänder und Kopfhalfter

Leinen und Halsbänder werden je nach „Schule" nur für passiven oder zusätzlich für aktiven Zwang und aversive Reize (Leinenrucke) verwendet. Dementsprechend versucht man entweder, durch besonders breite Halsbänder oder Brustgeschirre Rucke abzudämpfen, die der Hund sich evtl. selbst beibringt, oder benutzt im Gegenteil absichtlich „schärfere" Halsbänder, z.b. Würgeketten oder Stachelhalsbänder. Über die richtige „Rucktechnik" und mögliche negative Folgen von Leinenrucken und bestimmten Halsbändern wird immer wieder heftig gestritten. Einerseits können Hunde sich erstaunlich weitgehend sogar an brutale Leinenrucke gewöhnen, andererseits ist der Hals ein sehr sensibler Bereich und Verletzungen an dieser Stelle werden vermutlich leicht übersehen, da sie sich nicht so offensichtlich äußern wie z.b. Lahmheiten der Gliedmaßen.

In der Praxis werden Leinenrucke oft unüberlegt für alles Mögliche angewandt, z.b. um ein Hörzeichen zu „unterstreichen", was zur Überschattung des Hörzeichens führt und Vermeidungslernen unmöglich macht. Aber auch bei korrektem Gebrauch kommt es leicht zu Überschattungen eines Warnsignals mit der dem Ruck vorhergehenden Armbewegung, da diese ein so viel offensichtlicherer Reiz ist als ein Hörzeichen.

Die Leine selbst und ggf. ein bestimmtes Halsband werden außerdem äußerst leicht zum Bestandteil einer Reizkombination: der Hund gehorcht dann später nur, solange er an der Leine ist oder z.B. das Stachelhalsband umhat. Es ist schwer, eine solche unerwünschte Verknüpfung zu vermeiden, sogar wenn man mit der Leine nur passiven Zwang ausübt und sie möglichst so führt, dass sie locker durchhängt. Man kann ein spezielles Ausbildungshalsband allerdings auch gezielt als „Übersignal" nutzen, sodass bereits

das Umlegen dieses Halsbandes den Hund in die passende Arbeits-
stimmung versetzt (siehe Seite 108).

Durch viele Leinenrucke und „scharfe" Halsbänder entsteht über
klassische Konditionierung häufig eine Abneigung des Hundes
gegen Halsband und Leine. Er steht dann unter Stress, solange er
angeleint ist, was zu vermehrten Aggressionen z.b. gegenüber Artgenossen und auch zu verstärktem Ziehen als Fluchtversuch aus
der Situation führen kann. Zur weit verbreiteten Leinenaggression
trägt außerdem vermutlich Frustration (der Hund wird daran
gehindert, dahin zu laufen, wo er will) und die Erfahrung bei, dass
er sich an der Leine nicht „normal" verhalten kann (z.b. einem
überlegenen Artgenossen nicht aus dem Wege gehen kann).

Würgehalsbänder sind offensichtlich erdacht, damit der Hund sich
sozusagen selbst bestraft, wenn er zieht. Dies klappt aber nur in den
allerwenigsten Fällen. Vermutlich ist die Übertragung zwischen
dem Beginn des Ziehens und dem Beginn des unangenehmen
Gefühls nicht prompt genug. Oder die Belohnung aus der Situation
heraus (dahin kommen, wo man will) überwiegt den Straffeffekt des
Halsbandes (Luft abschnüren und kneifen am Hals). Zieht der
Hund, bis er keucht und eine blaue Zunge bekommt, ist er außerdem allein aufgrund von mangelnder Sauerstoffzufuhr und Stress
in seinem Lernvermögen beeinträchtigt.

Kopfhalfter (z.B. „Halti" oder „Follow me") werden noch leichter
zum diskriminativen Reiz als bestimmte Halsbänder. Außerdem
erfordern sie eine vorherige Gewöhnung des Hundes, die allerdings dem Hundehalter meist schwerer fällt als dem Hund. Auf der
Plus-Seite steht, dass das Halfter weder wehtut noch die Atmung
behindert und trotzdem eine viel bessere Kontrolle des Hundes
erlaubt als jedes Halsband. Das Halfter übt nämlich an einer Stelle
Kraft aus, an der der Hund ihr wenig entgegensetzen kann. Es
erlaubt zudem, seine Zähne schnell aus einem „Gefahrenbereich"
wegzuziehen oder den provozierenden Blickkontakt zu einem
„Gegner" zu unterbrechen, was eine große Hilfe beim Umgang mit
aggressiven Hunden ist.

Am Halsband geführte große und starke Hunde belohnen sich fürs

Ziehen und Vorspringen oft immer wieder selbst, indem sie ihren Menschen zumindest noch ein oder zwei Schritte hinter sich herziehen, ehe er es schafft, den Hund zum Stehen zu bringen. Ein Halfter ist da oft das einzige Mittel, dies zu verhindern, ohne dem Hund zusätzliche Schmerzen zuzufügen, die leicht zu unerwünschten Nebenwirkungen führen können. Theorien, nach denen das Halfter wirkt, indem es den Schnauzgriff (eine Dominanzgeste unter Hunden) nachahmt, sind höchstwahrscheinlich falsch. Sicherlich kann ein Hund unterscheiden, ob ein anderer Hund oder ein Stoffriemen über seine Schnauze greift. Falls manche Hunde anfangs ein wenig gedämpft wirken, wenn sie ein Halfter tragen, liegt das eher daran, dass sie noch nicht vollständig daran gewöhnt sind oder dass ihre Versuche, ihren Menschen hinter sich herzuziehen, nun plötzlich nicht mehr funktionieren. Man sollte allerdings mit dem Halfter normalerweise keinen aktiven Zwang ausüben und nicht daran rucken, da Hunde verständlicherweise widerwillig werden, wenn man sie an der Schnauze hin und her zerrt, auch wenn dies nicht unbedingt sehr wehtut.

Technische Geräuscherzeuger
Das Werfen von **Ketten, Blechdosen** mit Steinchen u.ä. ist ein Strafreiz, der umso stärker wirkt, je schreckhafter oder schmerzempfindlicher der Hund ist. Das Rasseln der Gegenstände wird praktisch automatisch als konditionierte positive Strafe verknüpft und kann dann als Warnsignal dienen. Weil das Rasseln als Signal deutlicher ist als die Stimme und mit der tatsächlichen Strafe in hohem Maße kontingent ist, reagieren viele Hunde weitaus besser darauf als auf ein Verbotswort. Natürlich ist es auf Dauer nicht zu vermeiden, dass der Hund durchschaut, wer die Kette nach ihm wirft. Wird sie jedoch korrekt nach den Regeln der Strafe oder negativen Verstärkung angewandt, macht das nichts, da der Hund dann auf den aversiven Reiz hin unter Umständen sogar die Nähe des Hundeführers sucht.

Vor dem Einsatz von **Trainingsscheiben** („**Discs**") wird ihr Klappern teils als negative, teils als positive konditionierte Strafe etabliert, indem man sie dem Hund wiederholt vor die Nase wirft, wenn er ein Leckerchen vom Boden aufnehmen will. Zu dem Gefühl der Frustration, das so mit dem Geräusch verknüpft wird und bei jedem Hund zu erzeugen ist, kommt je nach Temperament des Hundes noch ein gewisser Schreck dazu. Durch das vorherige Konditionieren wirken Discs besonders gut und zumindest bis zu einem gewissen Grade auch bei Hunden, die von einem Wurfgeschoss an sich wenig beeindruckt sind.

Der **Clicker**, eine Art Knackfrosch, bzw. das damit erzeugte Geräusch wird normalerweise ausschließlich als positiver konditionierter Verstärker benutzt. Das typische „Klick-Klack" eignet sich zufällig besonders gut, da es an sich schon aufhorchen lässt. Der Gegenstand selbst kann (absichtlich oder versehentlich) zum „Übersignal" werden, wenn man ihn jeweils vor dem Einsatz auffällig handhabt.

Mit **Hundepfeifen** gibt man in aller Regel Signale. Pfeiftöne haben neben Formkonstanz und Klarheit den Vorteil, dass der Hund sie auch auf große Entfernung noch gut hören kann. Beim Training wird der Pfiff leicht von der Bewegung überschattet, mit der man die Pfeife zum Mund führt.

Hightech

Schon seit Jahrzehnten gibt es Halsbänder, mit denen man dem Hund per Fernbedienung Elektroschocks verabfolgen kann, so genannte **Reizstromgeräte**. Erst seit einigen Jahren sind auch Halsbänder auf dem Markt, die nach demselben Prinzip funktionieren, aber statt eines Stromschlags einen Pressluftstoß oder eine Duftwolke ausstoßen oder stark vibrieren. Zumindest in der Theorie besteht durch diese Geräte die Möglichkeit, einen aversiven Reiz so exakt und ohne unerwünschte Fehlverknüpfungen anzubringen, wie es die Regeln für positive Bestrafung oder negative Verstärkung erfordern. Ein Problem ist immer, dass solche elektronisch arbeitenden Halsbänder relativ schwer und klobig sind und deshalb leicht zum diskriminativen Reiz werden. Das wochenlange Tragen einer Attrappe vor dem ersten Einsatz ist deshalb sehr wichtig.

Inwieweit die Anwendung von Reizstromgeräten vertretbar ist und ob sie als Tierquälerei einzustufen sind, ist immer wieder Gegenstand von erregten Debatten. Von Befürwortern wird argumentiert, dass der Stromschlag ja nur schwach sei und eher über Schreck als über Schmerz wirke. Für die Tierschutzgerechtigkeit ist das aber nicht wichtig. Denn Tatsache ist, dass der Schock nicht selten zu Panikreaktionen und Schmerzäußerungen des Hundes führt. Auch muss ein Reiz, der (meistens) geeignet ist, einen Hund auch im Zustand höchster Erregung (Hetzen von Wild) wirksam zu unterbrechen, sehr stark aversiv sein. Auch das Pro-Argument, es handele sich nur um eine sehr kurze und dosierte Einwirkung, die keinen bleibenden Schaden hinterlässt, gerät durch neuere Untersuchungen ins Wanken, nach denen man noch mindestens eineinhalb Jahre nach der letzten Anwendung an bestimmten Verhaltensmerkmalen des Hundes eindeutig feststellen kann, ob er mit Elektroschock ausgebildet wurde.

Es herrscht jedenfalls kein Zweifel, dass der Einsatz eines Reizstromgeräts überhaupt nur vertretbar ist, wenn er maßvoll und unter strikter Einhaltung aller für positive Strafe und negative Verstärkung wichtigen Regeln erfolgt. Vor allem nichtkontingente Anwendung ist Tierquälerei an der Grenze zur Folter. Gerade Ausbilder, die selber Reizstromgeräte verwenden, betonen denn auch, dass dieses Ausbildungshilfsmittel in der Hand von Laien nichts zu suchen hat. Es stimmt jedoch bedenklich, dass wissenschaftliche Untersuchungen zum Thema „nebenbei" zu dem Schluss kommen, dass auch professionelle Anwender, die sich freiwillig für solche Untersuchungen zur Verfügung stellten, weil sie zweifellos davon überzeugt waren, richtig mit dem Gerät umzugehen, ganz überwiegend beim Einsatz grobe Fehler machten und nicht über das nötige Hintergrundwissen verfügten.

Halsbänder, die mit Pressluft, Duftstoffen oder Vibration arbeiten, wären zwar im Prinzip genauso kritisch zu betrachten wie ein Reizstromgerät, doch der von ihnen ausgehende Reiz ist für die meisten Hunde längst nicht so aversiv wie ein Elektroschock. Oft ist er zu schwach, um bestimmte hochmotivierte Verhaltensweisen abzubrechen, und viele Hunde haben sich bereits nach wenigen Anwendungen daran gewöhnt. So ist zwar die Effektivität geringer, aber auch das Missbrauchspotenzial. Gelegentlich werden solche Geräte auch auf schwacher Stufe dazu verwendet, um tauben Hunden Signale zu geben oder sie aufmerksam zu machen.

Ausbildungsmethoden

Im Folgenden werden die wichtigsten Ausbildungsrichtungen kurz dargestellt und bezüglich ihrer Verwendung von Lerntechniken und Ausbildungshilfsmitteln charakterisiert. Die vorgenommene Einteilung und Benennung ist weder zwingend noch allgemein üblich, sondern entspricht meiner eigenen Vorstellung. Alle Methoden beruhen auf operanter, teils auch auf klassischer Konditionierung, nutzen aber verschiedene Bereiche des „Spektrums". Alle funktionieren – mehr oder weniger gut. Vermutlich gibt es auch für jede Methode die Umstände und das Mensch-Hund-Paar, für die sie passend ist, allerdings nur, falls sie fachgerecht angewandt wird. Man kann deshalb nie genug darüber wissen, wie und warum die von einem selbst gewählte Methode funktioniert. Ansonsten ist es letztlich eine Frage der persönlichen Einstellung und Ethik, für welche Methode man sich entscheidet.

„Traditionell hart"

Dies ist die Ausbildung alter Schule, wie sie noch auf zahlreichen Hundeplätzen gang und gäbe ist. Es wird fast ausschließlich mit negativer Verstärkung und positiver Strafe gearbeitet. Aktiver Zwang, auch Starkzwang, meist in Form von Leinenzug oder Leinenrucken am Würgehalsband, wird reichlich verwendet. Oft benutzt man auch Stachelhalsband, Wurfkette, Reizstromgerät o.ä. Gestreichelt oder gelobt wird meist nur zwischen den Übungen, sodass es nur wenig positiv verstärkenden Effekt auf die tatsächliche Ausführung der Übung hat. Die Verwendung von Spielzeug und vor allem Futter ist verpönt und wird als „Bestechung" angesehen, Dominanz des Hundeführers und „Unterordnung" des Hundes als absolut vorrangig erachtet und die körperliche Unterwerfung des Hundes für unverzichtbar gehalten. Eine leicht unterwürfige Haltung des Hundes wird in Kauf genommen oder sogar als normal bis wünschenswert angesehen (z.b. soll der Hund die Rute bei der „Arbeit" gar nicht hoch tragen).

Vielfach beginnt die Ausbildung erst, wenn der Hund zehn oder zwölf Monate alt ist, da jüngere Hunde durch die aversiven Reize und den Druck allzu sehr beeinträchtigt würden. Da die „traditionell harte" Ausbildung vor allem als Machtkampf zwischen Herr und Hund angesehen wird, kümmert man sich meist wenig um die Grundlagen des Lernverhaltens. Macht der Hund etwas falsch, betrachtet man das sehr schnell als absichtliche Widersetzlichkeit. Folgerichtig verstärkt man dann den „Druck" und die aversiven Reize, statt etwa auf korrektes Timing usw. zu achten. Führt das nicht zum Erfolg, wird der Hund oder seine Rasse vorschnell mit dem Etikett „wesensschwach" oder „für eine Ausbildung nicht geeignet" versehen.

Die geringen Vorteile dieser Methode liegen darin, dass sie – wenn sie korrekt angewandt wird – bei der richtigen Sorte Hund schnelle Anfangserfolge ermöglicht und der Einstellung mancher Menschen entgegenkommt. Die Nachteile sind zahlreich. Selbst bei richtiger Anwendung entstehen leicht Überschattungen und Reizkombinationen mit den „Hilfen" und Hilfsmitteln. Es gehört Kraft und Geschicklichkeit dazu, die Versuche des Hundes, Gegenkontrolle zu erlangen, scheitern zu lassen. Die Fehlertoleranz der Methode ist aufgrund der harten aversiven Mittel gering und der Anwendungsbereich eigentlich auf Übungen eingeschränkt, die sich gut über Flucht und Vermeidung lernen lassen. Der Hund entwickelt leicht Meideverhalten und ist häufig schon früh „ausgebrannt". Viele Hunde (junge, sensible, „dominante") kommen mit dieser Art der Ausbildung nur schlecht zurecht. Einen wirklich freudig arbeitenden Hund bekommt man so normalerweise nicht.

Tipp: Wer der festen Meinung ist, dass zuverlässiger Gehorsam nur über harte Einwirkungen zu erreichen sei, sollte sich zumindest gründlich mit den Regeln der negativen Verstärkung beschäftigen, um mit möglichst wenig Verschleiß am Hund die maximale Wirkung zu erzielen. Er sollte außerdem fair genug sein, einen Hund zu wählen, der hart „im Nehmen" ist.

„Traditionell weich"

Im Grundsatz teilen Vertreter dieser Richtung dieselben Auffassungen und verwenden dieselben Techniken wie „traditionell harte" Ausbilder, mit dem einzigen Unterschied, dass sie hauptsächlich aus ethischen Gründen auf Starkzwang und andere stark aversive Mittel verzichten. Stachelhalsband oder Reizstromgeräte werden deshalb oft vehement abgelehnt. Zwang wird zwar viel, aber hauptsächlich in schwacher Form benutzt. Auf Lob mit der Stimme und Streicheln als Ausdruck der Zufriedenheit des Hundeführers wird viel Wert gelegt. Ansonsten steht man Belohnungen (vor allem in Form von Futter) skeptisch gegenüber, denn man sieht in ihrer Verwendung eine Abwertung der Beziehung zum Hund. Dieser soll aus Respekt vor dem Hundeführer und aus Zuneigung gehorchen. Es steht außer Frage, dass man sich dem Hund gegenüber durchsetzen muss, notfalls eben doch mit einer gewissen Härte („Manche Hunde brauchen mehr Druck als andere").

„Traditionell weiche" Ausbildung ist zwar hundefreundlicher und weniger riskant als „traditionell harte", teilt aber ansonsten deren Nachteile. Darüber hinaus fehlt es der Methode auch noch an Motivation, da man negative Verstärkung nur möglichst „sanft" verwendet, aber auch ihren Gegenpart, die positive Verstärkung, nur in sehr schwacher Form nutzt. Gelernt wird hauptsächlich über endlose und langweilige Wiederholungen der immer gleichen Abläufe. Kein Wunder, dass überzeugte „traditionell weiche" Trainer (die übrigens oft halb bekehrte ehemals „harte" Trainer sind) häufig betonen, dass Hundeausbildung sehr viel Geduld erfordert! Viele von ihnen sind sich auch gar nicht bewusst, dass sie im Wesentlichen immer noch über negative Verstärkung arbeiten.

Tipp: Anhänger dieser Methode sollten sich intensiv mit den Regeln der operanten Konditionierung und Signalkontrolle befassen und darüber hinaus in Erwägung ziehen, die Motivation auf die eine oder andere Art zu erhöhen – bevorzugt natürlich durch positive Verstärkung.

„Gemischt"

„Gemischte" Methoden verwenden zwar negative Verstärkung und Zwang, jedoch zusätzlich positive Verstärkung. Man legt hier schon eher Wert auf einen „freudig" arbeitenden Hund. „Gemischt" arbeitende Trainer müssen sich darauf verstehen, negative Folgen von Druck und Zwang mit Belohnungen und Aufmunterung wieder aufzuwiegen. Viele von ihnen eignen sich denn auch Wissen über Motivation, Timing usw. an und nutzen konditionierte Verstärker. Man kann je nach Stärke der aversiven Reize und Art der Motivation zwei Richtungen der „gemischten" Ausbildung unterscheiden: Die „harte" Variante greift zu Starkzwang z.b. in Form von Rucken am Stachelhalsband oder Reizstromgeräten. Um den Hund nach einem solch harten aversiven Reiz wieder aufzubauen, wird mit einer hohen positiven Motivation, meist intensivem Beutespiel, gearbeitet. Das extreme Hin und Her ist eine starke Belastung für den Hund, der mehr oder minder gestresst wirkt und nicht selten übermäßig „aufdreht". Diese Hektik wird von Hundesportlern und Prüfern häufig mit besonderer „Freudigkeit" verwechselt und geradezu angestrebt. „Gemischt harte" Ausbildung erfordert vom Hundeführer exzellentes Timing und eine gute Einschätzung der Verfassung des Hundes. Sie eignet sich vor allem für relativ robuste und eher erregbare Hunde mit starkem „Beutetrieb".

Die „weiche" Variante der „gemischten" Ausbildung beruht auf normalerweise eher schwachem Zwang und ist daher weniger stressig als die „harte". Es ist deshalb keine so hohe Motivation zum Ausgleich erforderlich und die Methode eignet sich für eine größere Bandbreite von Hundetypen. Viele „gemischt weiche" Trainer benutzen Futterbelohnung. Entweder verwenden sie positive und negative Verstärkung von Anfang an parallel zueinander oder zeitlich versetzt, indem sie z.b. dem Hund das gewünschte Verhalten zunächst über Lockmittel und positive Verstärkung beibringen und später „zur Absicherung" Elemente der negativen Verstärkung mit einfließen lassen.

Tipp: „Harte gemischte" Trainer sollten genau auf Anzeichen des Stresses bei ihrem Hund achten und sich fragen, ob die starken aversiven Reize nicht womöglich mehr schaden als nützen. „Weiche gemischte" Trainer sollten sich intensiv mit dem „Formen", der Signalkontrolle und dem Ausschleichen von Lockmitteln beschäftigen. Vielleicht geht es dann oft auch ohne „absichernden" Zwang.

Clickertraining

Clickertraining ist eine sehr hoch entwickelte Ausbildungsmethode, die optimalen Gebrauch von der operanten Konditionierung macht und verblüffende Erfolge ermöglicht. Es verwendet nur positive Verstärkung und konditionierte Verstärker, in sehr geringem Maße auch negative Strafe. Das Besondere am Clickertraining ist jedoch der völlige Verzicht auf positive Strafe, negative Verstärkung und aktiven Zwang. „Extreme" Clickertrainer lehnen sogar die Verwendung von passivem Zwang und Lockmitteln ab. Das setzt meisterliche Beherrschung des Formens und sehr gute Kenntnisse über operantes Lernen und Signalkontrolle voraus. Als konditionierter Verstärker nimmt man meistens, aber durchaus nicht immer das Geräusch des Clickers. Man trifft also auch auf „Clickertrainer" ohne Clicker, während nicht jeder, der einen Clicker benutzt, wirklich Clickertraining macht.

Clickertrainer betrachten zuverlässige Signalkontrolle (Gehorsam) ausschließlich als Produkt von fachgerechtem Training, was aber nicht heißt, dass sie keine Bindung oder Dominanzbeziehung zu ihren Hunden hätten. Nur sehen sie kaum einen Zusammenhang zwischen Signalkontrolle und solchen Beziehungsfragen. Aufgrund dieser nüchternen Einstellung haben Clickertrainer keine Probleme damit, Hunde großzügig mit Futter und allen möglichen anderen Verstärkern zu belohnen. Negative Verstärkung lehnen sie ab, weil sie ihrer Meinung nach weniger gut funktioniert, aber auch aus ethischen Gründen. Positive Strafe wird von Clickertrainern zwar meist nicht absolut ausgeklammert, aber man sieht sie sehr kritisch und verwendet sie nur äußerst selten und vor allem nie in direktem Zusammenhang mit dem Clicker (der dadurch zusätzlich die Qualität eines Sicherheitssignals gewinnt). Der Clickertrainer wünscht sich den Hund nämlich aktiv, unbefangen und „experimentierfreudig", denn das sind die besten Voraussetzungen für „freies" Formen ohne Zwang und Lockmittel. Aversive Reize oder „Druck" während des Trainings mit dem Clicker würden aber dazu führen, dass der Hund aus Angst, Fehler zu machen, passiv wird. Erfahrene Clickerhunde sind denn auch beim Training aktiv, ja sogar kreativ und nicht selten übereifrig. Hundehalter, denen die Denkweise der Clickertrainer fremd ist, verwechseln das oft mit Dominanz und lehnen die Methode ab, weil sie Kontrollverlust befürchten.

Tipp: Will man mit Clickertraining wirklich viel erreichen, ist einiges Hintergrundwissen nötig. Der Trainer sollte eine gewisse Kreativität und Experimentierfreude mitbringen. Bei „Cross-Over-Hunden" (siehe Seite 183) kann es eine Weile dauern, bis die Vorteile des Clickertrainings greifen.

„Rein positiv"

Viele moderne Ausbildungsmethoden verzichten ebenso wie das Clickertraining ganz auf aktiven Zwang und negative Verstärkung, gebrauchen aber keine positiven konditionierten Verstärker. Da effektives „freies" Formen praktisch nur mit einem konditionierten Verstärker möglich ist, Zwang aber abgelehnt wird, benutzt der „positive" Trainer Lockmittel und manchmal auch passiven Zwang (z.B. einen Zaun, an dem entlang man bei Fuß geht), um das gewünschte Verhalten vom Hund zu bekommen. Viele dieser Trainer arbeiten bevorzugt mit Spielzeug, aber auch Futter wird normalerweise akzeptiert.

Ebenso wie Clickertraining führen „positive" Trainingsmethoden zu einem besonders freudigen und eifrigen Hund, da sie die Nebenwirkungen von aversiven Reizen vermeiden. Die Effektivität ist aber geringer, weil die Informationsübermittlung ohne konditionierten Verstärker nicht so exakt ist. Obwohl ihnen dies meist nicht bewusst ist, arbeiten erfolgreiche „positive" Trainer denn auch de facto doch oft mit konditionierten Verstärkern (z.B. in Form von präzise eingesetzter Körpersprache). Ein Nachteil der Methode besteht darin, dass das Ausschleichen von Lockmitteln nicht ganz einfach ist. Auch passiver Zwang wird sehr leicht zu einem unerwünschten diskriminativen Reiz. Vielfach arbeitet man fast mit Taschenspielertricks: der Hund wird während immer längerer Trainingsabschnitte im Glauben gelassen, sein Motivationsmittel sei in unmittelbarer Nähe, z.B. in der Tasche des Hundeführers oder an dem Punkt, zu dem er vorauslaufen soll. Dies geht natürlich am besten mit einem Hund, der einen starken „Beutetrieb" hat und seine Ziele sehr intensiv verfolgt. Bestimmte Rassen (Schäferhund, Border Collie u.a.) sind daher besonders gut für diese Methode geeignet.

Tipp: „Positiv" arbeitende Trainer sollten sich besonders gründlich mit den Regeln der Signalkontrolle beschäftigen. Ein bewusst eingesetzter konditionierter positiver Verstärker kann ihr Training wesentlich effektiver machen und auch das Ausschleichen der Lockmittel vereinfachen.

Negative Verstärkung mit „Hightech"

In jüngster Zeit ist eine neue Methode aufgekommen, die ebenso wie Clickertraining in sehr ausgefeilter Weise das Wissen über operante Konditionierung nutzt, jedoch vorwiegend über negative Verstärkung arbeitet. Als negativer Verstärker wird ein sehr niedrig eingestellter Strom aus einem Reizstromgerät genutzt, von Anhängern der Methode als „leichtes Kribbeln" bezeichnet. Dieser Reiz soll zwar ausdrücklich nicht schmerzhaft sein, wirkt aber doch als negativer Verstärker, dem der Hund entgehen möchte: er „arbeitet", um das „Kribbeln" abzustellen. Der Stromreiz wird manchmal anfangs mit einem leichten Leinenzug gepaart, durch den der Hund (teils über reflexartiges Stemmen gegen den Zug) zu den gewünschten Bewegungen veranlasst wird. Das „Kribbeln" wird so zu einem konditionierten Reiz für die Leineneinwirkung, kann aber anders als diese dem Hund auch über weite Entfernungen übermittelt werden. Zusätzlich benutzen viele Trainer positive Verstärkung und manchmal sogar einen positiven konditionierten Verstärker (z.b. den Pfeifton, der vielen Reizstromgeräten eingebaut ist und sonst als Warnsignal vor dem Schock dient).

Die Vorteile dieser Methode sind nicht ganz ersichtlich. Zwar arbeiten die Hunde angeblich freudig und die Methode stellt sicherlich eine „pfiffige" und eher tierfreundliche Umsetzung der negativen Verstärkung dar. Jedoch ist die gesamte Technik äußerst kompliziert und die Fehlertoleranz sehr gering: etwas zu viel Strom oder falsches Timing führt zu gegenteiligen als den gewünschten Effekten. Und sollte der Hund in späteren Stadien der Ausbildung den Gehorsam verweigern, teilt der Trainer durchaus auch stärkere Elektroschocks aus, sodass die Grenzen zur „gemischt harten" Ausbildung ein wenig verwischen.

Tipp: „Niedrigstrom"-Trainer sollten erwägen, ob der schwache Stromreiz wirklich so wichtig ist und ihre Methode nicht vielmehr aufgrund der zusätzlichen positiven Verstärkung und der besseren Umsetzung der Lerngesetzmäßigkeiten funktioniert.

„Hundeflüsterer"

Manche Trainer propagieren Methoden, die überwiegend auf der Anwendung von hundlicher oder menschlicher Körpersprache und der Nachahmung von Hundeverhalten beruhen. Andere verpacken ihre Anleitungen fast ausschließlich in Beziehungsbegriffe. Statt von Verstärkung oder Strafe ist dann von Rangordnung, Bindung, Vertrauen usw. die Rede. Die Philosophie dieser von mir hier als „Hundeflüsterer" bezeichneten Trainer ist, dass der Hund im Grunde nicht trainiert wird, sondern man die richtige Mensch-Hund-Beziehung herstellt und der Hund sich dann fast automatisch wie gewünscht verhalten wird. Obwohl solche Erklärungen vielen Hundehaltern eingängiger und sympathischer sind als die technisch klingenden Begriffe der Lerntheorie, haben die „Flüsterer"-Methoden doch den Nachteil, dass sich wenig konkrete und nachvollziehbare Handlungsanweisungen daraus ableiten lassen. Von den Schwierigkeiten bei der Nachahmung von Hundesprache durch den Menschen war schon die Rede. Zudem kann der Hund sich

Anweisungen seines Menschen natürlich auch dann widersetzen, wenn diese „auf Hund" gegeben werden.

Tipp: „Flüsterer" sollten ihre Methode unter dem Gesichtspunkt der operanten Konditionierung unter die Lupe nehmen. Was davon wirkt als Strafe, was als Verstärker? Dies zumindest mit einzubeziehen, kann zu größerer Klarheit und konkreteren Handlungsanweisungen führen.

Cross-Over-Phänomene

Mit dem englischen Wort „cross-over" (etwa: Quereinsteiger) bezeichnet man Hunde oder Trainer, die gerade einen Wechsel zwischen zwei gegensätzlichen Trainingsmethoden durchmachen.

Ad-hoc-Wechsel zwischen verschiedenen Trainingsmethoden vollziehen viele Hundehalter spontan und unbewusst mitten in einer Trainingseinheit, wenn sie nicht wissen, wie sie mit einem bestimmten Ausbildungsproblem im Rahmen ihrer Methode erfolgreich umgehen können, oder wenn sie eine momentane Verschlechterung der Leistung des Hundes als Versagen ihrer Methode empfinden. Meist ist dies als Kunstfehler zu betrachten.

Typisches Beispiel: ein bis dahin mit positiver Verstärkung ausgebildeter Hund „versagt" unter Ablenkung. Der Hundeführer wird ungeduldig und greift zu aversiven Mitteln (Leinenruck usw.), um ihn zum Gehorsam zu zwingen. Da der Hund ansonsten positiv verstärkt wird, verknüpft er höchstwahrscheinlich die unangenehme Einwirkung nicht mit seinem Verhalten, sondern mit der Situation. Er lernt vor allem: „Üben an sich ist angenehm, üben bei Ablenkung ist unangenehm." Der umgekehrte Fall (ein mit negativer Verstärkung ausgebildeter Hund versagt bei Ablenkung, woraufhin der Besitzer auf positive Verstärkung überwechselt) wäre zwar weniger schlimm, kommt aber auch weitaus seltener vor.

Möchte man langfristig und bewusst zu einer anderen Methode wechseln (oder eine weitere ins Training mit einbeziehen), darf man nicht vergessen, dass der Hund erst einmal darauf vorbereitet werden muss, da er die Maßnahmen des Hundeführers sonst vielleicht gar nicht mit seinem eigenen Verhalten in Verbindung bringt. Ein Hund, der bisher ausschließlich mit positiver Verstärkung trainiert wurde, kann z.b. mit einem Leinenruck nichts anfangen und wird vermutlich nur verstört darauf reagieren. Umgekehrt springt ein Hund, der bisher ganz überwiegend mit negativer Verstärkung ausgebildet wurde, nun aber plötzlich Futter als Belohnung bekommt, evtl. nur noch aufgeregt herum. Er weiß gar nicht, dass er sich das Futter durch Gehorsam verdienen kann. Damit der Übergang weniger verwirrend ist, sollte man daher das neue Motivationsmittel zunächst in etwas abgeschwächter Form und zusätzlich zu den bisher verwendeten einführen, vor allem wenn man aversive Reize neu einbringen möchte.

Ein Cross-Over-Hundeführer muss damit rechnen, dass eine abrupte Methodenumstellung ihn vorübergehend weit zurückwirft. Aus Sicht des Hundes fehlen nun plötzlich die bisherigen Konsequenzen seines Verhaltens, die neuen greifen aber unter Umständen noch nicht. Es ist dann ganz normal, wenn der Hund zunächst kaum noch auf ihm bereits bekannte Signale reagiert. Stellt man von einer Methode, die negative Verstärkung oder sogar Strafe benutzt, auf eine um, die rein positive Verstärkung verwendet und selbstständiges Handeln und Experimentierfreude vom Hund erfordert (wie z.B. Clickertraining), muss man außerdem meist viel Geduld aufbringen, ehe der Hund seine durch das bisherige Training verursachte gehemmte, passive und vielleicht widerwillige Haltung ablegt.

Was denn nun: „positiv" oder „negativ"?

Jedem Hundehalter stellt sich die Frage, ob er sich vorwiegend auf positive oder auf negative Verstärkung verlassen will und wie er zum Einsatz von Strafe steht. Als Entscheidungshilfe wird in diesem Abschnitt das Für und Wider der verschiedenen Techniken der Verhaltensbeeinflussung noch einmal kurz gegenüber gestellt. Zur Beantwortung der Frage „Strafen oder nicht strafen?" ist es hilfreich, das, was der Hund lernen soll, in zwei Bereiche einzuteilen: einerseits soll er etwas aktiv tun, also korrekt auf Signale reagieren und je nach Situation ein bestimmtes, gut angepasstes Verhalten zeigen. Dies ist der Bereich der **Ausbildung**, die „Tätigkeitsdressur". Andererseits soll der Hund manches unterlassen. Das ist der Bereich der **Erziehung**, die „Unterlassungsdressur".

Wie wir gesehen haben, ist Bestrafung kein geeignetes Mittel, einem Hund eine aktive Handlung beizubringen und daher in der Ausbildung grundsätzlich fehl am Platz. Bestrafung kann jedoch unter günstigen Umständen ein bestimmtes Verhalten hemmen oder Meideverhalten gegenüber bestimmten Dingen oder Situationen erzeugen. Genau dies ist aber manchmal Ziel der Erziehung. Der Hund soll z.B. Meideverhalten gegenüber dem Wursteller auf dem Esstisch entwickeln, das Anspringen soll gehemmt werden usw. Strafe kann daher in diesem Bereich durchaus das Mittel der Wahl sein, falls die passenden Rahmenbedingungen gegeben sind. Negative Strafe (z.B. Ignorieren des Hundes) ist dabei nicht nur schonender, sondern oft auch wirksamer als positive Strafe. Die Verwendung von allgemein verbreiteten Arten der positiven Strafe (z.B. Schimpfen, Leinenruck, Nackengriff, Klaps, etwas nach dem Hund werfen) kann und sollte man auf ein absolutes Minimum beschränken.

Zwingend notwendig ist der Einsatz einer positiven Strafe übrigens nicht einmal in der Erziehung, da man praktisch alle Ziele auch ohne positive Bestrafung (z.B. durch Trainieren von Ersatzverhalten) erreichen kann und dies zwar der meist langwierigere, aber in der Regel auch sicherere Weg ist und zudem das beständigere

Ergebnis bringt. Positive Strafe ist außerdem gerade bei Problemverhalten wie z.B. Aggression oder Hetzen, bei denen die meisten Menschen geneigt wären, auf sie zurückzugreifen, in den meisten Fällen eher kontraproduktiv.

Bei der Ausbildung stellt sich die Frage „Positive oder negative Verstärkung?" Die meisten Hundehalter sind im Grunde ihres Herzens davon überzeugt, dass negative Verstärkung per se besser ist als positive. Für positive Verstärkung spricht in ihren Augen höchstens deren Tierfreundlichkeit, weswegen nur „Weicheier" negative Verstärkung ablehnen. Sie müssen dafür aber angeblich auch auf zuverlässigen Gehorsam ihres Hundes verzichten und eine Engelsgeduld aufbringen, weil positive Verstärkung nur mittelmäßige Ergebnisse bringt und so lange dauert.

Das Lerntempo hängt jedoch in Wirklichkeit – unabhängig von der Verstärkungsart – vor allem davon ab, ob man die Lerngesetze (Timing usw.) möglichst genau einhält und wie stark die beteiligten Emotionen sind. Mit positiver Verstärkung lernt der Hund daher auch sehr schnell, wenn mit entsprechend korrekt eingesetzter und hoher Motivation gearbeitet wird. Negative Verstärkung funktioniert außerdem nur dann schneller als positive Verstärkung und ist auch nur dann sichererer gegen Extinktion als diese, wenn sehr stark aversive Reize verwendet werden. Solche extremen aversiven Reize haben dann aber wieder besonders starke unerwünschte Nebenwirkungen, richten bei fehlerhafter Anwendung großen Schaden an und sind für bestimmte Hunde und bestimmte zu trainierende Verhaltensweisen nicht sehr gut geeignet. Zudem sind heutzutage viele Hundehalter zu deren Anwendung auch einfach nicht mehr bereit.

Die Zuverlässigkeit des Gelernten im Sinne von sicherer Abrufbarkeit auch bei Stress, Ablenkung, konkurrierender Motivation usw. ist in aller Regel mittelfristig bei positiver Verstärkung besser. Denn mit positiver Verstärkung ausgebildete Hunde entwickeln eine äußerst positive Grundeinstellung zum „Gehorchen" und zu ihren Menschen, die gerade auch in schwierigen Situationen sehr weit trägt. Anders negativ verstärkte Hunde, die oft zu „Drückebergerei" und „Lustlosigkeit" neigen. Ansonsten hängt zuverlässiger Gehorsam vor allem von der Anzahl der Wiederholungen, guter Signalkontrolle und sorgfältigem Ablenkungstraining ab. Und das gilt sowohl für über positive als auch über negative Verstärkung Gelerntes.

In der Bilanz schneidet also positive Verstärkung deutlich besser ab als negative. Daher gewinnt negative Verstärkung auch durch zusätzliche Anwendung von positiver Verstärkung, während das umgekehrt durchaus nicht unbedingt der Fall ist. Mit der negativen Verstärkung holt man sich nämlich unweigerlich deren Nachteile und Nebenwirkungen heran, verliert aber vielleicht den Hauptvorteil der rein positiven Verstärkung: die hervorragende „Arbeitsmoral" des so ausgebildeten Hundes.

Der Faktor Mensch in der Erziehung

Im Grunde haben wir Menschen uns immer noch nicht von der Lassie-Idee verabschiedet, nach der Hunde menschliche Intelligenz und Moral besitzen, komplizierte Zusammenhänge durchschauen und aus reinem Trotz ungezogen oder ungehorsam sind. Gerade auch die Kampfhunddebatte zeigt, wie schwer es den Menschen fällt, im Hund vor allem ein Tier zu sehen. Kaum einer macht sich klar, dass es sich bei jedem Hund um einen Beutegreifer handelt, zu dessen normalem Verhaltensrepertoire durchaus auch Beute-fang- und Aggressionsverhalten gehört. Stattdessen versucht man, Hunde nach Rasse oder Individuum in „gut" und „böse" einzu-teilen, und nimmt von den „guten" an, dass sie unter gar keinen Umständen je auch nur die Nase kraus ziehen und knurren würden.

Da aufgrund von jahrzehntelanger Forschung inzwischen eigent-lich genug „handfeste" Informationen über das Verhalten und die „Denkweise" des Tieres Hund vorliegen und diese auch durch Bücher usw. weite Verbreitung gefunden haben, ist es erstaunlich, dass diese Erkenntnisse in den Köpfen der meisten Menschen offenbar immer noch nicht angekommen sind. Vermutlich liegt es am engen Zusammenleben mit den Hunden, dass man unwillkür-lich dazu neigt, sie zu vermenschlichen und so unbewusst „aufzu-werten". Teils ist es sicher auch eine Taktik, das fremde und evtl. auch einmal beängstigende, da „unberechenbare" Tier vertrauter und kontrollierbarer erscheinen zu lassen.

Zum Teil sind die Hunde auch selbst „schuld": sie passen sich so gut an die menschliche Lebensweise an, wirken so verständig und reagieren so passend auf unsere eigenen Gefühle und Handlungen, dass es schwer fällt, sich immer wieder zu vergegenwärtigen, dass sie ganz anders als wir Menschen sind. Es erfordert auch einige

Anstrengung und eine ganze Menge Fantasie, sich in diese ganz andersartige Welt des Hundes hineinzuversetzen. Wie mag es sein, die Welt hauptsächlich über Geruch zu erfahren? Wie kann der Hund so klug handeln, wenn er nicht logisch denken kann und hauptsächlich in der Gegenwart lebt? Und wie sieht er überhaupt uns Menschen, wie ordnet er ein, was wir tun? Darüber nachzudenken kann einen schon ein wenig schwindelig machen, ist aber überaus spannend!

Viele Menschen haben auch erschreckend veraltete Ansichten über Hundeerziehung, und das gilt durchaus auch für „Fachleute" wie Hundeausbilder, Tierheimpersonal oder Tierärzte. Da Hundeerziehung außerdem ebenso wie Kindererziehung zu den Dingen gehört, von denen beinahe jeder glaubt, etwas davon zu verstehen, kursieren jede Menge Ratschläge der Sorte: „Steck ihn mit der Nase rein ...", „Tritt ihm auf die Pfoten ...", „Der braucht eine ordentliche Tracht Prügel ..." (mit oder ohne zusammengerollte Zeitung) usw. Überraschend ist, dass viele wohlmeinende Helfer solche Tipps geben, obwohl sie nichts über die Hintergründe des Erziehungsproblems wissen und den Hundehalter und seinen Hund kaum kennen. Noch verblüffender ist, dass die ungebetenen Ratschläge nicht selten befolgt werden, obwohl der Ratgeber keine höhere Qualifikation aufzuweisen hat, als dass seine Tante einmal einen Dackel besaß.

Auch hier verwundert, dass ausgerechnet auf dem Gebiet der Hundeausbildung sich alte Hüte noch länger zu halten scheinen als anderswo. Warum denken immer noch so viele Menschen als Erstes an Strafe, wenn von Hundeerziehung die Rede ist? „Tradition" spielt hier sicher eine Rolle. Es ist bezeichnend, dass gerade von den ersten Delphintrainern die damals noch neuen Forschungsergebnisse über das Lernverhalten von Tieren umgesetzt wurden, während Haustiere wie Hund und Pferd, die man bereits seit Tausenden von Jahren hält, immer noch viel zu wenig davon profitieren.

Es gibt aber auch psychologische Gründe, warum Strafe den meisten Menschen (nicht nur im Umgang mit Hunden) näher liegt als positive Verstärkung. Bestrafendes Verhalten wird nämlich im Gegensatz zu belohnendem in aller Regel direkt (negativ) verstärkt. Ein Leinenruck z.b. führt dazu, dass der Hund sofort weniger zieht. Der Effekt hält zwar meist nur wenige Augenblicke vor, aber dieser unmittelbare „Erfolg" reicht für eine operante Konditionierung des Menschen – er neigt dazu, wieder an der Leine zu rucken, es sei denn, er schaltet seinen Verstand ein und macht sich klar, dass andere Methoden zwar nicht ganz so schnell wirken, jedoch wesentlich bessere und stabilere Ergebnisse bringen. Verhalten, das einen förmlich dazu herausfordert, es zu bestrafen, hat außerdem die Eigenschaft, Aufmerksamkeit auf sich zu ziehen. Der ziehende Hund stört so, dass dringender Handlungsbedarf besteht. Will man hingegen das Problem über positive Verstärkung angehen, muss man das Augenmerk bewusst auf unauffälliges Verhalten des Hundes richten, nämlich auf die Momente, in denen er sich brav benimmt und überhaupt nicht stört.

Natürlich führen auch Gefühle von Ärger, Wut und Ungeduld dazu, dass Hundehalter ihren Hund manchmal wider besseres Wissen bestrafen, was sie dann hinterher unweigerlich bereuen. Die beste Versicherung dagegen ist sicherlich umfangreiches Hintergrundwissen über Hunde. Denn hat man sich erst einmal wirklich klargemacht, wie das eigene Verhalten auf den Hund wirkt und dass er nichts aus Bosheit tut, sondern nur den Gesetzen des Lernens und seinem natürlichen Verhalten folgt, nimmt man das Benehmen des Hundes nicht mehr als persönliche Kränkung. Wirklicher Ärger kommt dann gar nicht mehr so leicht auf und es fällt wesentlich leichter, sich zu beherrschen.

Dem Hundehalter, der sich zu wenig Gedanken macht und in Sachen Hundehaltung schon längst nicht mehr auf der Höhe der Zeit ist, steht der modern eingestellte Hundehalter gegenüber, der unbedingt alles richtig machen will, aber oft unrealistische Vorstellungen hat. So schaffen sich viele Hundefreunde Rassen an, die für ihre Lebensumstände denkbar unpassend sind, oder holen sich einen Hund, obwohl in ihrem Leben eigentlich keine Zeit dafür ist. Außerdem glaubt man, wenn nur der Züchter gut war und man eine Hundeschule besucht, wären spätere Probleme ausgeschlossen.

Ein Hund ist aber keine Maschine. Sogar seine enorme Anpassungsfähigkeit hat irgendwo Grenzen, und auch bei bester Aufzucht, Haltung und Erziehung wird nicht alles reibungslos verlaufen. Zudem lässt sich Hundehaltung nicht rein theoretisch planen und lernen. Obwohl viele Ersthundebesitzer sich manchmal beinahe übertrieben bemühen, sich gut zu informieren und bei Welpenkauf und -erziehung alles richtig zu machen, fühlen sich doch etliche von der Energie und Lebendigkeit des Welpen schlichtweg überfordert und sind erschreckend hilflos, wenn es darum geht, „handfest" mit einem Hund umzugehen. So kommt es, dass manche Menschen sich von ihrem Hund geradezu tyrannisieren lassen, während sie sich umgekehrt außerstande sehen, ihm Grenzen zu setzen. Der Grund für dieses Phänomen ist vermutlich zunehmende Naturferne. Der Umgang mit Lebendigem ist für die allermeisten Menschen nicht mehr selbstverständlich. Und der Glaube, alles sei machbar und man könne für alles Garantien erwarten und sich gegen alles versichern, ist ja heutzutage nicht nur auf dem Gebiet der Hundehaltung verbreitet.

Auch im Ausbildungsbereich stehen sich oft Extreme gegenüber. Für die einen spielt in der Hundeausbildung die Rangordnung zwischen Mensch und Hund gar keine Rolle, die anderen sind der Meinung, dass die Dominanz des Menschen das Wichtigste überhaupt ist. Die Entscheidung „hart" oder „weich" führt zu heftigen Debatten: ist eine erfolgreiche Erziehung und Ausbildung ohne Zwang und Strafen überhaupt möglich? Während die einen dies vehement bestreiten, ist für die anderen schon ein gelegentlicher Leinenruck absolut unakzeptabel. Auch die Frage „Beziehungskiste" oder „lerntechnische Angelegenheit" erregt manchmal die Gemüter. Zwischen verschiedenen „Schulen" wird nicht selten erbittert gestritten und die Methoden anderer werden für unwirksam, tierschutzwidrig oder gar gefährlich erklärt oder einfach lächerlich gemacht, ohne sich auch nur ausreichend darüber informiert zu haben. Beliebt ist außerdem bei einigen professionellen Ausbildern, die eigenen Methoden mit komplizierten selbst erfundenen Fachbegriffen auszuschmücken und unter einem besonderen Namen als komplett neu erfunden zu „verkaufen", obwohl letztlich alle doch nur mit Wasser kochen können.

Zu fordern ist natürlich stets, dass eine Methode den Gesetzmäßigkeiten des Lernens entspricht und dem normalen Verhalten des Hundes genügend Raum gibt. Ferner darf sie keine tierquälerischen Praktiken enthalten, jedoch wäre diese Forderung sogar bei „harten" Methoden normalerweise noch erfüllt, wenn sie korrekt angewandt werden. Davon abgesehen ist es vor allem „Geschmackssache", welche der vielen Methoden man wählt oder welche Aspekte einer bestimmten Ausbildungsrichtung man für seine eigene Arbeit mit dem Hund übernimmt. Die weit verbreitete Ansicht, dass ein Trainer je nach Hund eine völlig andere Methode wählen sollte („Bei meinem Hund funktioniert positive Verstärkung nicht, der braucht Druck"), teile ich nicht. Im Prinzip können alle Hunde sowohl über positive als auch über negative Verstärkung lernen, denn sie alle „gehorchen" den Gesetzen der operanten Konditionierung. Sie unterscheiden sich aber sehr wohl darin, wie belastbar sie gegenüber aversiven Reize sind und mit welchen Mitteln man sie wirksam belohnen kann. Stärke und Art von Belohnungen oder Strafen müssen daher der Individualität des betreffenden Hundes angepasst werden.

Sicher ist auf alle Fälle, dass man eine Methode nur dann erfolgreich anwenden kann, wenn man persönlich von der dahinter stehenden „Philosophie" überzeugt ist. Ansonsten wird man nämlich unbewusst die eigenen Bemühungen torpedieren. Hundehalter, die nicht wirklich an die Kraft der positiven Verstärkung „glauben", sind z.B. knauserig mit Belohnungen und erreichen daher nicht viel mit Methoden, die auf Belohnung beruhen. Umgekehrt kann negative Verstärkung nicht funktionieren, wenn der Hundeführer es im Grunde seines Herzen verabscheut, aversive Mittel zu benutzen, und daher allzu „lasch" in ihrer Anwendung ist.

Daher sollte man, auch wenn man selbst eine bestimmte Ausbildungsmethode ablehnt und nicht damit zurechtkommen würde, akzeptieren, dass jemand anderer genau diese Methode bevorzugt und damit Erfolg haben kann. Überzeugte Vertreter anderer Ausbildungsphilosophien durch Argumente zur eigenen Methode „bekehren" zu wollen, ist sowieso meistens zum Scheitern verurteilt. Eher hilft es schon, nach dem Motto „Das Böse bekämpft man am besten durch energisches Fortschreiten im Guten" (I Ging) einfach mit dem eigenen Hund so zu arbeiten, wie man es für richtig hält, und darauf zu hoffen, dass sich Skeptiker von der Leistung und Arbeitsfreude des Hundes überzeugen lassen.

Noch schwieriger als andere zu überzeugen ist es aber oft, über den eigenen Schatten zu springen. Hundeausbildung und Hundehaltung sind ganz sicher keine Sache, die ausschließlich über Vernunft zu bewerkstelligen ist. Das zeigt sich schon daran, dass ein und dieselbe Information manchmal gar nicht „ankommt", aber zu einem späteren Zeitpunkt für dieselbe Person der absolute „Augenöffner" sein kann. Ehe Vernunft und Wissen zum Zuge kommen und für eine harmonische und für beide Teile befriedigende Beziehung zum Hund sorgen können, muss der Mensch offenbar auch einen bestimmten Punkt seiner Persönlichkeitsentwicklung erreicht haben. Umgekehrt kann die Beschäftigung mit Hunden und ihrer Ausbildung aber auch sehr viel zu einer solchen Entwicklung beitragen. Über den Umgang mit dem Hund lernt man immer auch sehr viel über sich selbst und oft auch über andere Menschen, jedenfalls wenn man offen dafür ist. Insofern führen Hunde uns immer wieder zum Menschen und zum Menschsein zurück. Von einer höheren Warte aus betrachtet scheint es deshalb nicht abwegig anzunehmen, dass auch schicksalhafte Verstrickungen bei der Auswahl eines Hundes eine Rolle spielen, auch und gerade dann, wenn die Wahl äußerst unvernünftig zu sein scheint. Man könnte vielleicht sagen, dass zwar nicht unbedingt jeder den Hund hat, den er verdient (denn es gibt durchaus Probleme mit dem Hund, die nicht oder nur teilweise auf Fehler des Hundehalters zurückzuführen sind), aber sicherlich jeder den Hund hat, den er braucht.

Service

Danksagung

Danken möchte ich vor allem meinen Eltern, die meine Hundehaltung immer vorbehaltlos unterstützt haben und meine Hunde „hüteten", wenn ich Zeit zum Schreiben brauchte. Beate Poetting danke ich für die gute Zusammenarbeit in der Hundeschule, viele Ideen, konstruktive Kritik und Ermutigung. Dank auch den Kunden unserer Hundeschule und ihren Hunden, die viel zu meinem Erfahrungsschatz beigetragen haben, sowie Rolf Hömann, der Teile meines Manuskripts kritisch gelesen und mich auf Unstimmigkeiten aufmerksam gemacht hat.

Viele Autoren und Hundeausbilder haben mein „Hundeweltbild" entscheidend geprägt, vor allem Eberhard Trumler, Tillmann Klinkenberg, Jack Volhard und Gail Tamases Fisher, Christiane Quandt und Barbara Schöning, John Fisher, Martin Pietralla, Karen Pryor und Jean Donaldson. Am meisten gelehrt haben mich aber wohl meine eigenen Hunde, und so gilt mein besonderer Dank den Unvergessenen (Beauty, Candy, Aletta und Ziska), meinen beiden jetzigen Hunden Yeska und Antis, sowie meinem Pflegehund Duke.

Sabine Winkler

Literatur

Benutzte Quellen

Angermeier, Wilhelm F. (Hrsg.): Operantes Lernen: Methoden, Ergebnisse, Anwendung – ein Handbuch. Reinhardt, München 1994.

Burch, Mary R. & Bailey, John S.: How dogs learn. Howell Book House, New York 1999.

Donaldson, Jean: Dogs are from Neptune: Candid answers to urgent questions about aggression and other aspects of dog behavior. Lasar Multimedia Productions, Montreal 1998.

Donaldson, Jean: Hunde sind anders – Menschen auch. So gelingt die problemlose Verständigung zwischen Mensch und Hund. Kosmos, Stuttgart 2000.

Lewis, Janet R.: Smart Trainers, Brilliant Dogs. Canine Sport Productions, Lutherville 1997.

Lindsay, Steven R.: Handbook of applied dog behavior and training. Volume One: Adaptation and Learning. Iowa State University Press, Ames 2000.

Pietralla, Martin: Clickertraining für Hunde. Kosmos, Stuttgart 2000.

Pryor, Karen: Lads Before The Wind: Diary of a Dolphin Trainer. Sunshine Books, Washington 1994.

Pryor, Karen: Positiv bestärken, sanft erziehen. Die verblüffende Methode, nicht nur für Hunde. Kosmos, Stuttgart 1999.

Reid, Pamela J.: Excel-erated Learning: Explaining how dogs learn and how best to teach them. James and Kenneth Publishers, Oakland 1996.

Rugaas, Turid: On Talking Terms With Dogs: Calming Signals. Legacy by Mail, Carlsborg 1997.

Schilder, Dr. M.B.H. (Utrecht): Mündliche Mitteilung über eine Studie über Reizstromgeräte. Wolfsburg 2000.

Schwartz, Barry & Robbins, Steven J.: Psychology of Learning and Behavior. Norton & Company, New York 1995.

Schwizgebel, Daniel: Hunde aktivieren statt hemmen. Schwizgebel, Kirchdorf 1999

Scott, John Paul & Fuller, John L.: Dog Behaviour – The Genetic Basis. The University of Chicago Press, Chicago and London 1965.

Sidman, Murray: Coercion and its Fallout. Authors Cooperative Inc., Boston 1989.

Tortora, Daniel: Schwieriger Hund – was tun? Der Hundepsychologe rät. Albert Müller Verlag, Zürich 1979.

Wilkes, Gary: Behavior Sampler. C&T Publishing 1994.

Zum Weiterlesen

Feltmann-von Schroeder, Gudrun: Welpentraining mit Gudrun Feltmann. Der gute Start. Kosmos, Stuttgart 2000.

Harries, Brigitte: Hundesprache verstehen. Kosmos, Stuttgart 1998.

Hoefs, Nicole und Petra Führmann: Das Kosmos-Erziehungsprogramm für Hunde. Kosmos, Stuttgart 1999.

Jones, Renate: Welpenschule leichtgemacht. Kosmos, Stuttgart 1997.

Schöning, Dr. Barbara: Hundeverhalten. Kosmos, Stuttgart 2001.

Tellington-Jones, Linda und Sybil Taylor: Der neue Weg im Umgang mit Tieren. Die Tellington TTouch Methode. Kosmos, Stuttgart 1993.

Tellington-Jones, Linda: Tellington-Training für Hunde. Das Praxisbuch zu TTouch und TTeam. Kosmos, Stuttgart 1999.

Tellington-Jones, Linda: Tellington-Training für Hunde. Video. Kosmos, Stuttgart 2001.

Winkler, Sabine: Hundeerziehung. Sanfte Erziehung von Anfang an; Hundesprache verstehen; Probleme effektiv lösen. Kosmos, Stuttgart 2000.

Adressen

BHV
(Berufsverband der Hundeerzieher/innen und Verhaltens-
berater/innen e.V.)
Aussiedlerhof Reiterhohl
D-65817 Eppstein
Tel.: 06198-5790036
Fax.: 06198-501373
www.bhv-net.de

aHa – die andere Hundeausbildung
Beate Poetting + Sabine Winkler
Bielefelder Str. 126
33824 Werther
Tel.: 0 52 03 – 88 37 70
www.aha-hundeausbildung.de

Register

Fett gedruckte Seitenzahlen weisen
auf Begriffserklärungen hin.